O NOVO TARÔ DE
MARSELHA

Um roteiro para leitura, estudo e divinação

O NOVO TARÔ DE MARSELHA

Um roteiro para leitura, estudo e divinação

Claudiney Prieto

ALFABETO

Publicado em 2016 pela Editora Alfabeto

Supervisão geral: Edmilson Duran
Diagramação e capa: Décio Lopes
Revisão de texto: Luciana Papale e Petronio Tales
Ilustrações: Umbra Docens

DADOS INTERNACIONAIS DE CATALOGAÇÃO NA PUBLICAÇÃO

Prieto, Claudiney

O Novo Tarô de Marselha - Um roteiro para leitura, estudo e divinação / Claudiney Prieto | 3ª Edição | São Paulo | Editora Alfabeto, 2022.

ISBN: 978-85-98307-40-4

1. Tarô 2. Arte Divinatória I. Título.

Todos os direitos reservados. Proibida a reprodução total ou parcial desta obra sem a expressa autorização por escrito da editora ou do autor, seja quais forem os meios empregados, com exceção de resenhas literárias que podem reproduzir algumas partes do livro, desde que citada a fonte.

EDITORA ALFABETO
Rua Protocolo, 394 | CEP: 04254-030 | São Paulo/SP
Tel: (11) 2351-4168 | editorial@editoraalfabeto.com.br
Loja Virtual: www.editoraalfabeto.com.br

DEDICATÓRIA

Para Noemia Prieto, minha mãe, que me presenteou com o meu primeiro baralho de Tarô quando eu tinha apenas 10 anos de idade, e que despertou para sempre a magia que vive em mim até hoje.

Para Mônica Buonfiglio, que semeou o gosto pelo Tarô em mim durante as manhãs de minha adolescência, enquanto eu assistia ao seu quadro de televisão todos os dias.

Para Nei Naiff, grande mestre do Tarô do Brasil e do mundo, que introduziu tantas pessoas ao tema. O Tarô jamais teria alcançado o status que alcançou em nosso país se não fosse por seu empenho e dedicação.

Para André Mantovanni, que popularizou o uso do Tarô por meio das consultas aos telespectadores ao longo de todos esses anos.

Para Umbra Docens, que materializou de forma magistral, em imagens, as ideias e símbolos vislumbrados por mim para criar este baralho único que agora se torna um legado para toda a humanidade.

Para Cristian Aquino Sterling, que hoje vive a magia do arcano seis comigo e que me fez ver a vida com os olhos da alma.

Para a Anima Mundi, que sussurra a sabedoria antiga em nossos ouvidos sempre que aos arcanos consultamos.

SUMÁRIO

Dedicatória 5

Prefácio 9

As Origens do Tarô 13

O Novo Tarô de Marselha 17

Como o Tarô Funciona? 23

Os Arcanos Maiores do Tarô 27

Introdução aos Arcanos Menores 75

Compreendendo os Naipes 81

Significado das Cartas Numéricas 89

As Cartas da Corte 123

Consultando o Tarô 141

Métodos de Consulta 145

Como Calcular Tempo em uma Jogada de Tarô? 159

Palavras Finais 163

Bibliografia 165

PREFÁCIO

Para o iniciante, o Tarô de Marselha é mais um baralho em meio a dezenas de outros; muitas pessoas estudaram por outros modelos, desconhecendo este. Nos deparamos ainda, com aqueles que dizem se tratar de cartas ultrapassadas. Se olharmos sob a ótica artística, sim, há inúmeros baralhos fabulosos, e outros até mais fáceis de estudar ou ler; no entanto, em sua maioria, encontraremos pequenas distorções da matriz arquetípica. Uma questão – e poucos sabem disso – trata-se da importância do estudo simbólico e oracular do Tarô de Marselha (padrão marselhês ou clássico), uma vez que todos os tarôs contemporâneos são oriundos dessa matriz.

Em realidade, não existiu um tarô de Marselha – um modelo específico, como encontramos hoje em muitos tarôs. Marsellha era um nome genérico para os baralhos vendidos no sul da França, similar a qualquer outro comercializado nos países vizinhos desde o século XV. Os melhores artesãos estavam concentrados ou usavam o principal porto comercial da Europa – na cidade de Marselha – para venda e exportação dos produtos. Ter um dos baralhos daqueles fabricantes significava durabilidade pela boa matéria prima, cores firmes e cortes perfeitos. Simples assim: "Quero um tarô de Marselha!" Nada místico ou esotérico e, sim, custo-benefício, significando ter a melhor mercadoria.

Com o avançar dos tempos, essas qualidades foram superadas em outras localidades que, com novas tecnologias e máquinas, permitiram a impressão de desenhos mais nítidos, bem como o emprego de entretons, pois, até aquele momento, as cartas apresentavam apenas cores sólidas: vermelho, azul, verde, amarelo, preto. Editoras substituíram os *cartiers* (artesões de cartas) durante a Revolução Industrial, e novos tipos de baralhos apareceram. Contudo, foi na entrada do século XX que ocorreu a maior alteração nas imagens do tarô por intermédio da transculturação, distanciando-se dos traços da matriz marselhesa; depois, surgiram os arcanos menores, ilustrados com o significado oracular, contribuindo para a ampla expressão artística, mas também fragmentando a simbologia. Atualmente encontramos tarôs baseados em fábulas, mitologias, animais, flores e, até, tarôs fantásticos ou surrealistas. Muitos, sem a mínima possibilidade de uso oracular – servindo apenas para coleção em algum armário.

Se por um lado alguns tarôs contemporâneos facilitaram as interpretações, por outro, diminuíram o grau de aprendizado, pois existem alegorias no Tarô de Marselha (e seus semelhados) das quais nenhum tarô produzido atualmente se aproxima: o conteúdo original, que deu luz a tudo o que sabemos. É neste exato ponto que esta obra – *O Novo Tarô de Marselha* –, escrita por Claudiney Prieto, com o baralho ilustrado por Umbra Docens, amálgama e suscita o que há de mais precioso: a simbologia clássica. Eles conseguiram preservar o conteúdo histórico dos arcanos maiores, conferindo contemporaneidade aos arcanos menores ao ilustrá-los com cenas alegóricas, mas mantendo os traços medievais.

Outro ponto que deve ser levado em consideração pelo leitor, ao usar o Tarô de Marselha, é ter a consciência de que estará em contato com a simbologia tradicional e estrutural do tarô. Lembrar que os primeiros registros e estudos foram elaborados a partir dessas imagens arquetípicas, e que mesmo os tarôs ditos "modernos e corrigidos", contêm matéria comparativa com este mesmo baralho. Tudo é relativizado com o Tarô de Marselha. Sim, podemos afirmar que a base do estudo do Tarô, seja pelo aspecto adivinhatório ou pelo autoconhecimento, se fundamenta no Tarô de Marselha, motivo de sua extrema importância.

Quer entender todos os tarôs?

Estude o tarô clássico, estude o Tarô de Marselha!

Nei Naiff
www.neinaiff.com

AS ORIGENS
DO TARÔ

O Tarô talvez seja o oráculo mais conhecido e utilizado em todo o mundo na atualidade. Sua origem ainda é incerta. Existem muitas lendas, mitos e histórias sobre ele, mas até hoje seu surgimento permanece na obscuridade. Seu verdadeiro propósito e significado ainda é um grande enigma a ser decifrado.

Muitas lendas fantásticas e míticas, que mantêm pouco ou nenhum paralelo com a realidade, envolvem suas origens. Algumas dizem que o Tarô possui um simbolismo místico e sagrado e estaria relacionado com os antigos ritos de iniciação egípcia, e cada carta representaria uma dentre as inúmeras etapas do processo iniciático. De acordo com aqueles que defendem esta tese, seria a maneira encontrada pelos sacerdotes do antigo Egito para preservar o seu legado e transmiti-lo às futuras gerações.

Outra teoria fantástica aponta um grupo ocultista em Fez, Marrocos, que teria vivido por volta de 1200, como os criadores do Tarô. De acordo com esta teoria, eles teriam estabelecido uma linguagem simbólica universal para ser impressa em cartas que dariam acesso aos maiores segredos do Universo.

Histórias míticas com sacerdotes da Atlântida, templários, ciganos, judeus e chineses também podem ser encontradas ao longo da história do Tarô.

14 | *O Novo Tarô de Marselha*

Lendas à parte, o que é certo é que na realidade, os tarôs mais antigos que podemos citar surgiram na Itália (Visconti Sforza em Milão na segunda metade do século XIV e o de Veneza, na primeira metade do mesmo século) e na França (Charles V no ano de 1500 e por volta do século XVII os contemporâneos Noblet e Vieville).

O Tarô tornou-se popular na Europa entre os anos de 1370 e 1380. Rumores sobre um jogo de cartas enigmático e simbólico percorreram a região nesta época, indicando a sua provável popularidade naquele século.

Historiadores modernos afirmam que as origens do Tarô estariam no norte da Itália, no Vale do Rio Taro, que flui em direção ao Rio Pó, de onde o jogo provavelmente teria ganhado o seu nome. Sendo assim, podemos deduzir que o Tarô realmente tenha se originado na Europa, uma vez que seu atual formato, dividido em 22 arcanos maiores e 56 arcanos menores, descende do antigo Tarô Veneziano.

O fascínio sobre este baralho motivou importantes ocultistas da antiguidade a redesenharem seus arcanos, contribuindo ainda mais para sua riqueza simbólica e mágica.

Desta forma, os tarôs encontrados atualmente são muito mais do que um simples oráculo divinatório para prever o futuro. Eles são um rico portador arquetípico dos Grandes Mistérios da humanidade e da relação do homem com o Sagrado. Através de seu rico simbolismo, podemos fazer contato com a Anima Mundi (Alma do Mundo) e ter acesso ao reservatório de conhecimentos, sabedoria e memória ancestral que independe daquela que já temos, pois está registrado no próprio Universo. O Tarô traz em si os símbolos e mistérios presentes na mente inconsciente de cada ser e, por isso, é um excelente instrumento para que a pessoa conheça melhor a si mesma e aos seus semelhantes.

Desde o seu surgimento, o Tarô sofreu inúmeras influências e alterações através dos diversos países e grupos onde foi usado. Mesmo com tantas diversificações e versões, sempre preservou seu simbolismo original.

As cartas, redesenhadas por diversas vezes, preservam seus símbolos e temas originais e estão diretamente ligadas aos conceitos de arquétipo e inconsciente coletivo, o que significa que todos os tarôs possuem as mesmas referências, expressando os medos, a força e os poderes e desejos humanos, que podem ser encontrados na mente inconsciente de todos os seres, em qualquer cultura da humanidade.

Atualmente, podemos encontrar mais de 600 tipos de tarôs, e a cada dia surgem mais versões. Mesmo aparentemente distintos, a simbologia dos arcanos e seu significado básico são essencialmente os mesmos. O Tarô tem sido redesenhado para refletir os muitos temas, visões, interesses, preferências espirituais e pessoais. Assim, podemos procurar por aquele que fala diretamente à nossa alma e expressa nossa forma de sentir e pensar.

O NOVO TARÔ DE MARSELHA

Sem dúvida, o Tarô de Marselha é o mais popular e importante dos baralhos. Com desenhos bastante claros e singelos em estilo medieval, desde sua criação ele se fez muito popular. Os desenhos se parecem com a iconografia encontrada nas vidraças góticas, em suas formas e cores.

Muitos pesquisadores do Tarô procuraram datar a criação exata do baralho de Marselha sem êxito. O que se sabe é que o Tarô que ficou conhecido como Tarô de Marselha nem sempre foi confeccionado na cidade francesa que leva este nome, mas acabou por ser chamado assim, porque Marselha se tornou um importante centro de impressão de cartas entre os séculos XVII e XVIII. O estilo Marselha é característico: os personagens das cartas da realeza aparecem de corpo inteiro e não pela metade, como eram apresentados nas antigas versões. Os arcanos maiores, por sua vez, são ilustrados de maneira mais minimalista, mas ao mesmo tempo são mais ricos em simbologia. A eles foram adicionados números romanos na parte superior e as cartas trazem seu nome em francês na parte inferior. O baralho, tal como o conhecemos atualmente, com seus desenhos de origem medieval, provém de ilustrações que mais tarde foram produzidas de forma industrial por xilografia e que depois foram se reproduzindo e se espalhando até chegarem a nossa época.

Foi somente a partir do século XVIII que o Tarô de Marselha definitivamente se estabeleceu como o conhecemos hoje e tornou-se, assim, no mais universal e popular dos tarôs.

18 | *O Novo Tarô de Marselha*

Em 1930, Paul Marteau criou sua própria versão das cartas, baseado nas edições de Lequart e Grimaud. Ainda que Marteau tenha se apresentado como um mero restaurador, pode-se perceber claramente que ele alinhou fortemente sua criação com o esoterismo – corrente da época – e criou uma versão original do baralho que foi editada em várias línguas, cujo sucesso se deu tanto pela abrangência de distribuição de seu editor quando pelo talento de Paul Marteau como restaurador. Até hoje sua versão do Tarô de Marselha segue sendo a mais vendida e utilizada.

Apesar de este ser o mais popular e importante dos tarôs, muitas pessoas o deixam de lado logo nas primeiras tentativas de usá-lo ou ao tentar aprender a ler suas cartas, em função da retratação simplista de seus arcanos menores, desprovida de qualquer personagem e cenas alegóricas, o que torna sua leitura pouco fluída e menos intuitiva. Foi pensando nessa deficiência que *O Novo Tarô de Marselha* foi criado.

Para isso, eu imaginei como cada um dos arcanos menores poderia ser retratado em uma nova versão, trazendo personagens, figuras e cenas e, ao mesmo tempo, pudesse preservar fielmente o seu estilo medieval, gótico e simples. Então, pedi ao meu querido amigo Umbra Docens que ilustrasse esta nova criação. Ele usou todo o seu talento para captar as ideias e simbolismo providos por mim para manifestá-las com ilustrações vivas para cada arcano menor do baralho que você tem agora em suas mãos.

Assim, *O Novo Tarô de Marselha* nasceu trazendo inalteradas as mesmas imagens clássicas para os arcanos maiores, as cartas da realeza e os ases, mas apresentando novas imagens alegóricas para as cartas do 2 ao 10 de cada naipe, preservando fielmente o "estilo Marselha", de forma a manter a harmonia e a simbologia clássica deste Tarô.

Isso facilitará a leitura e, ao mesmo tempo, irá torná-la mais intuitiva, eliminando de vez a resistência que muitos aprendizes e até tarólogos experientes têm em usar o Tarô de Marselha.

Representação do 4 de Ouros no Tarô de Marselha original

Representação do 4 de Ouros no Novo Tarô de Marselha

Representação do 6 de Copas no Tarô de Marselha original

Representação do 6 de Copas no Novo Tarô de Marselha

É a primeira vez ao longo de toda a história que um projeto como este é empreendido, ainda que o Tarô tenha ganhado diversas versões no decorrer de sua existência, nas quais, cada idealizador ou artista adicionou seu próprio estilo e traço aos baralhos criados.

Agora o Tarô de Marselha ganha uma versão repaginada, incluindo personagens para as cartas que vão do 2 ao 10 de cada naipe dos arcanos menores. Assim, aqueles que desejam utilizar um Tarô altamente clássico, como o de Marselha, sem perder a possibilidade de fazer uma leitura mais livre e interativa, têm uma nova opção nessa versão do baralho.

Mesmo sendo esta uma nova versão do Tarô de Marselha, a força e a magia do baralho original continuam inalteradas, porque sua linguagem arquetípica foi preservada para que os arcanos do Tarô, com seus poderosos arquétipos e simbolismos, sejam capazes de se comunicar conosco e nos guiar, instruir e encorajar em nossa busca espiritual.

Como O Novo Tarô de Marselha traz as imagens e imaginário de um Tarô clássico, ele é ideal para o uso divinatório e prático de forma geral. Nele, os leitores encontrarão respostas e farão reflexões por meio de seus poderosos e antigos símbolos, que são uma inesgotável ferramenta de recursos para as suas práticas oraculares.

O leitor perceberá no decorrer do uso constante deste novo Tarô, que além de belos, seus arcanos são inspiradores e intuitivos, possibilitando também o uso de sua interpretação própria durante uma leitura. Desta forma, além dos significados divinatórios tradicionais encontrados neste livro e que acompanham suas cartas, sua intuição e percepção extrassensorial poderá ser usada facilmente e com sucesso para captar o que os arcanos lhe desejam comunicar ao visualizar cada carta enquanto são consultadas.

Este livro foi idealizado para dar suporte ao leitor durante o uso do Novo Tarô de Marselha, mas ele é somente um guia para que, com o passar do tempo, você desenvolva suas próprias interpretações, formas de consulta e uso.

Além dos aspectos divinatórios, o Tarô pode ser encarado como uma ferramenta de autoconhecimento no caminho da totalidade e realização do Eu.

Assim, por exemplo, o arcano n° 0, o "Louco", pode representar cada um de nós em nossa busca interior. Os arcanos subsequentes expressam as diferentes etapas que precisamos passar até chegarmos à totalidade, a individuação do ser, capaz de transformar nossa mente, coração e alma. O Eremita é a luz interiorizada em cada um de nós, que nos guia através das trevas da ignorância. O Mago é o poder da iniciativa que temos, a Papisa é a "Sacerdotisa" que vive em nosso interior, a continuadora do culto à Grande Mãe, que nos leva ao conhecimento profundo das nossas emoções mais ocultas.

Em muitos momentos tornamo-nos o Louco, a Papisa ou o Mago. Cada um destes personagens são arquétipos cuja natureza está presente na psique e inconsciente humanos. Os personagens encontrados em cada arcano dessa nova roupagem, estão presentes em todos nós, vivos e prontos para se comunicar conosco.

O Novo Tarô de Marselha traz em si importantes ensinamentos para o mundo contemporâneo através de uma diferente e inovadora perspectiva.

COMO O TARÔ FUNCIONA?

Antes de conhecermos cada arcano e seu significado divinatório e simbólico é importante sabermos como e por que o Tarô funciona.

Como já mencionado, os símbolos de cada carta do Tarô se comunicam diretamente com o nosso inconsciente. A linguagem do universo é simbólica. Todas as religiões do mundo usaram símbolos para expressarem seus maiores mistérios, conhecimentos e ensinamentos divinos.

Somos seres altamente simbólicos. Basta olhar ao nosso redor e perceberemos o efeito que logotipos, cores, brasões ou bandeiras causam sobre cada um de nós.

Desta forma, torna-se claro que sendo o Tarô um oráculo baseado em símbolos, todos são capazes de compreendê-lo e usufruir de seus muitos benefícios.

Através de seus símbolos, o Tarô torna-se uma ponte entre nós e a memória akáshica do Universo. Podemos não conhecer conscientemente o significado de cada símbolo ou cor, mas o nosso inconsciente os compreende profundamente. Mesmo que não saibamos interpretar cada um dos arcanos do Tarô, os símbolos evocarão nossa memória intuitiva capaz de decodificá-los. Cada carta desperta em nós reações instintivas, criando um verdadeiro canal de conexão com o Todo.

Quando olhamos para as cartas do Tarô, trazemos à tona o nosso Self Jovem, a parte do nosso eu que usamos para fazer magia, um meio de acessarmos o divino ou obtermos respostas por meios meditativos. O Self Jovem se comunica com nossa mente consciente através do uso de símbolos e das mensagens que chegam de nossas realidades internas e externas. Tudo o que existe traz uma mensagem: cores, plantas, árvores e símbolos. Porém esta comunicação só pode ser estabelecida quando estamos abertos para ela. Manusear as cartas do Tarô envia uma mensagem simbólica ao nosso Eu mais profundo, de que estamos nos abrindo para a comunicação e que precisamos de orientação. Os arcanos do Tarô possibilitam muitas mensagens e respostas, pois possuem uma enorme riqueza de imagens e simbologia.

A linguagem do Tarô é arquetípica e seus paradigmas estão gravados em nossa memória ancestral. Os arquétipos fazem parte do inconsciente coletivo, que é nossa herança psíquica que recebemos no momento de nossa constituição. São regras que determinam a nossa predisposição, compreensão e símbolos aos quais respondemos. Esta predisposição é o que cria a linguagem arquetípica.

Eles estão presentes em todos nós e são símbolos universais que significam a mesma coisa para todos. Assim, a figura da "Mãe" nutridora que gera, cuida, amamenta e acalenta pode ser encontrada em praticamente todas as culturas, inclusive entre os animais. A figura do "Sacerdote" que cura e estabelece a comunicação entre o mundo dos homens e deuses também é outro bom exemplo.

Arquétipos sempre operam através de símbolos, que em si são uma síntese da união de vários outros conteúdos e informações que ligam nossa mente a um tema. Veja quantas coisas a figura de um coração, cajado, livro ou espada pode remeter ao nosso imaginário. Podemos perceber que um símbolo é uma imagem poderosa que exerce influência sobre a mente consciente e inconsciente.

Cada um percebe dimensões diferentes de um arquétipo e, exatamente por este motivo, as interpretações de um arcano podem variar muito de uma pessoa para outra. Por mais que alguém abranja um amplo conjunto de significados para um arquétipo, sempre haverá espaço para várias outras características e interpretações. Assim, o poder do arquétipo está em sua função e capacidade de orientar.

Através de seus arquétipos, o Tarô abre um portal de acesso ao nosso eu interior; aquela parte de nós que dialoga com o Sagrado. Este eu interior é um aspecto de nosso inconsciente. Através da consulta ao oráculo, ele atua como um sinalizador que nos conhece e sabe o que necessitamos e aquilo que nos levará na direção correta. Este eu interior recebe variados nomes: alma, superconsciência, inconsciente, guia interior ou deuses.

O Tarô torna-se assim a fala do nosso eu interior, trazendo para a mente consciente as mensagens e respostas do inconsciente. Ele nos coloca em contato direto com a Grande Teia, que conecta tudo e todos. Praticar a arte oracular com o Tarô nos ajuda a desenvolver nossa intuição e percepção extrassensorial, trazendo à tona o conhecimento e compreensão dos mais profundos Mistérios da vida e do Universo, através da linguagem arquetípica e abrindo uma porta de comunicação com a Alma do Mundo que detém o conhecimento de todos os tempos e as respostas para todas as questões.

OS ARCANOS MAIORES DO TARÔ

Os tarôs tradicionais consistem em um conjunto de cartas divididas em 22 arcanos maiores e 56 arcanos menores, totalizando 78 arcanos.

A palavra Arcano significa mistério ou segredo. Ela tem suas origens no termo *"Arcanum"* o que a liga diretamente aos segredos da natureza. Por isso, cada carta do Tarô representa algo a ser desvendado, partes de nós mesmos e de nossa natureza a serem reveladas e/ou compreendidas.

Os 22 arcanos maiores são considerados o cerne do Tarô, as cartas mais importantes. Como seu próprio nome diz, elas expressam os Mistérios Maiores, os arquétipos de conceitos universais ou profundos ensinamentos que precisamos assimilar ao longo da nossa jornada.

São chamados de Chaves ou Trunfos e exercem maior influência durante a consulta ao Tarô do que os arcanos menores, pois suas energias falam diretamente sobre a busca espiritual e retratam aspectos psicológicos de nossa personalidade.

A sequência dos arcanos maiores retrata o nosso caminho em busca do autoconhecimento e realização espiritual, mostrando alguém que inicia sua jornada com pouco conhecimento e vai progredindo, descobrindo novos valores e aprendendo lições importantes à medida que passa pelos demais arcanos.

28 | O Novo Tarô de Marselha

Através dos arcanos maiores, podemos ilustrar nossa própria história de vida, além da busca pela Iniciação Sagrada que nos dará acesso aos Grandes Mistérios, cuja compreensão reside no interior de cada ser.

Assim, estes arcanos marcam nossa jornada rumo à totalidade e cura da alma e trazem uma sequência lógica, que integra os ensinamentos que todo ser deve seguir:

0. Louco	8. Justiça	16. Torre
1. Mago	9. Eremita	17. Estrela
2. Papisa	10. Roda da fortuna	18. Lua
3. Imperatriz	11. Força	19. Sol
4. Imperador	12. Enforcado	20. Julgamento
5. Papa	13. Morte	21. Mundo
6. Enamorados	14. Temperança	
7. Carro	15. Diabo	

Mais adiante, você encontrará o significado divinatório e a interpretação dos arcanos maiores detalhadamente, para que você tire o maior proveito do seu Novo Tarô de Marselha e possa consultá-lo rapidamente, e assim, poder saber o que cada carta representa.

A descrição dos arcanos vem acompanhada de tópicos que indicam seus aspectos positivos ou negativos, além de outras importantes informações.

Para que você se familiarize com os tópicos que serão encontrados nas descrições de cada carta e entenda como usá-los adequadamente, segue abaixo uma breve citação sobre cada um deles:

• Aspectos Positivos: representam o que o arcano pode nos ensinar positivamente e quais atributos ele traz para nossa vida e/ou personalidade.

- Aspectos Negativos: apontam as influências negativas que o arcano pode simbolizar ou indicar no decorrer de uma jogada.

- Significado Divinatório: expressa o que a carta representa numa consulta oracular, que destina-se ao simples vislumbre do futuro e orientação da vida através do uso do Tarô como uma arte divinatória.

- Palavra-Chave: cada carta recebe uma palavra-chave que deve ser memorizada. Estas palavras tornam-se "gatilhos" capazes de fazer aflorar em nossa memória o significado de cada carta no decorrer de uma consulta. As palavras-chaves são como pontes, que estabelecem uma ligação entre nossa mente consciente e inconsciente, para que nossa intuição possa ser despertada no decorrer de uma jogada, preservando o principal tema e significado de cada arcano.

Neste livro não foi adotado o significado das cartas invertidas, pois diversos arcanos podem indicar aspectos negativos de uma situação por si só, sem que para isso cartas invertidas tenham que ser interpretadas de forma reversa. Assim, os aspectos negativos ou positivos de uma carta serão interpretados de acordo com a proximidade de arcanos considerados positivos ou negativos.

A seguir, conheça o significado de cada um dos arcanos maiores, prepare-se para usufruir o sagrado conhecimento do Novo Tarô de Marselha e iniciar a "Jornada do Louco" pelo caminho da Iniciação. Esta jornada representa a busca pela nossa própria identidade, missão e objetivo de vida. O Tarô é nossa ferramenta de acesso para que possamos vislumbrar os muitos personagens e arquétipos de nossa psique, que compartilharão conosco sua grande sabedoria rumo à nossa verdadeira Totalidade.

Seja bem-vindo ao mundo mágico do Tarô.
Sua jornada começa agora!

0 - LOUCO

O Louco é representado como um homem que caminha tranquilamente sem olhar para trás, carregando em uma de suas mãos uma mochila. Suas roupas estão rasgadas e um cachorro morde sua perna. Mesmo assim, ele continua a caminhar em direção ao abismo.

Ele é a manifestação da vontade da juventude, buscando seus ideais, mas sem saber como conquistá-los. Psicologicamente falando, ele é a imagem do impulso, da centelha da busca, dentro de cada um de nós, todas as coisas que nos atraem para o desconhecido.

Esta carta marca o início de uma viagem rumo a algo. Pode ser nosso autoconhecimento, uma jornada real, o sucesso, etc.

O Louco é também aquele que se permite libertar dos fardos do passado medos e inseguranças. Ele é aquele que nos liberta das couraças que nos impedem de interagir mais profundamente com o nosso mundo.

O abismo à frente do Louco representa a solidão do momento do nascimento e da morte. Sendo ele aquele que sabe quando é o momento certo de pular no abismo, confiando única e exclusivamente em sua força. O saltar no abismo significa romper com os últimos laços que o ligam ao seu mundo e ciclo anterior para começar de novo.

- Aspectos Positivos: momento de reviravolta, de decisões, inconsciência, alienação, impulsividade, passividade, inocência, despreocupação, instintividade, inconstância.
- Aspectos Negativos: loucura, desequilíbrio, incapacidade de dirigir suas energias, extravagância, autodestruição, aniquilação.
- Significado Divinatório: o Louco aparece em momentos de grandes transições em nossa vida. Ele nos mostra que chegou a hora de agir com coragem, otimismo e crença em nós mesmos. Representa uma nova fase orientada por uma voz interior.
- Palavra-Chave: BUSCA

I - MAGO

O primeiro arcano com o qual tivemos contato foi o Louco, que com sua irreverência e despretensão trouxe o sopro da renovação.

Agora é hora de conhecermos o Mago, que é o próprio Louco com a carga da experiência e conhecimento do que trazia em sua mochila.

O Mago é o Louco evoluído, aquele que domina a situação e possui conhecimento adquirido através do tempo. Ele geralmente aparece como um homem jovem, seguro de seus atos, que parece ter algum conhecimento sobre as práticas mágicas.

É o ponto de partida, o início de um novo caminho a trilhar, a iniciativa. Representa a vontade firme e clara, a autoconfiança que é necessária para empreendermos qualquer objetivo.

Enquanto o Louco demonstra o impulso profundo do inconsciente que nos impulsiona a mudar, o Mago é aquilo que existe de mais profundo dentro de nós e que dirige esta energia. É ele que inicia a autocompreensão para nos guiar ao nosso eu mais profundo.

Ele é aquele que ainda tem muito a aprender, a criatividade e a ação, tudo o que é novo, renovador, iniciador. Esta carta nos ensina que a criatividade e flexibilidade dependem de nós.

O Mago é o senhor da comunicação. Aquele que traz as mensagens de outros reinos ao mundo. Através dele, nos tornamos hábeis para classificar e analisar os aspectos de nossas vidas.

- Aspectos Positivos: iniciativa, inteligência criadora, discernimento e compreensão, presença de espírito, autocontrole, força de vontade, autoconfiança, domínio sobre os acontecimentos, diplomacia, capacidade persuasiva, jovialidade.

- Aspectos Negativos: insegurança, falta de vontade, alguém mentiroso, um charlatão, um impostor ou inescrupuloso, inteligência usada para fins negativos ou perniciosos.

- Significado Divinatório: o Mago aparece em momentos onde estamos para começar algo, seja uma inspiração, um projeto, um negócio, um novo amor. Nesses momentos ele traz as habilidades que devem ser usadas em nosso próprio benefício e em benefício de outros.

- Palavra-Chave: INÍCIO

II - PAPISA

A Papisa representa os poderes da intuição. Conectada com a Lua, traz em suas mãos um livro onde estão escritos poderosos segredos. Ela é o elo psicológico que nos liga ao insondável e misterioso mundo interior, ao nosso inconsciente, e nos revela que por trás do mundo real existe um mundo cheio de riquezas ocultas, que nos mostrarão os mistérios a serem desvendados.

Enquanto o Mago é extroversão e ação, ela é introversão e passividade. O Mago é o reconhecimento das qualidades internas e como expressá-las ao mundo. A Papisa é aquela que já reconhece as suas qualidades, mas sabe que o melhor a fazer é observar para aprender.

Ela é aquela que nos ensina a não perder a perspectiva de nós mesmos, através do mergulho profundo em nosso inconsciente. É através deste mergulho profundo que entenderemos melhor todas as ações que nos levam a determinadas formas comportamentais.

A Papisa é a parte feminina em cada um de nós, o lado mental do arquétipo feminino. A sensitividade, o entendimento daquilo que é subentendido, os recados sutis que se apresentam a nós quando nos relacionamos com o mundo. É a nossa própria intuição que nos revela se é hora de prosseguir ou retroagir. A energia da mudança através da sabedoria, o instinto seguro, aquela que nos levará de novo ao conhecimento profundo de nossa alma e de nossa existência.

- Aspectos Positivos: prudência, discrição, silêncio, meditação, fé, reserva, espera, sentimento religioso, intuição, sensibilidade, mistério, acontecimentos futuros e favoráveis.

- Aspectos Negativos: intenções ocultas, dissimulação, hipocrisia, falsidade, inação, omissão, falta de iniciativa, rancores, atitudes hostis, indiferença.

- Significado Divinatório: a Papisa simboliza tudo o que está oculto em nossa vida, o que nos amedronta (o inconsciente), mas que poderá se tornar belo quando for entendido por nosso consciente. Esta carta muitas vezes pode indicar que é chegado o momento de se retirar um pouco do mundo, para que a viagem ao nosso interior seja bem sucedida. Ela sugere que chegaremos à solução dos problemas ouvindo nossa intuição, pois já se tem um acesso maior aos poderes intuitivos.

- Palavra-Chave: INTUIÇÃO

III - IMPERATRIZ

A Imperatriz é aquela que reflete a experiência da maternidade, não só restritamente aos processos físicos do nascimento, mas a experiência interior da Deusa.

Ela é a conscientização de que somos parte da natureza e de que estamos ligados à vida natural. A Imperatriz representa a apreciação de todos os prazeres da natureza. Caracteriza o poder gerador que é paciente e sabe esperar com tranquilidade, até o momento em que as coisas estejam maduras, prontas para serem manifestadas.

É também aquela que nos dá segurança. Com ela nos sentimos como uma criança ligada à sua mãe pelo sentimento de confiança e proteção. Ela é nossa garantia interna e o sentimento de abrigo existente em cada um de nós.

Em um sentido mais físico, ela é a própria manifestação da extroversão e da luta feminina, da mulher tentando ser o que ela foi coibida de ser. É a mulher apaixonada, que se entrega de corpo, alma, mente e coração às suas emoções, sejam quais forem, nos mostrando que a vida é bela e que o amor deve ser celebrado.

A Imperatriz nos ajuda a colocar em ordem nossas vidas para que possamos chegar à concretização de nossos sonhos mais almejados.

- Aspectos Positivos: compreensão, inteligência, afabilidade, instrução, elegância, fineza de espírito, civilização, cultura, fertilidade, felicidade, bem-estar material, abundância, gravidez e riqueza.
- Aspectos Negativos: possessividade, vaidade, segundas intenções, desdém, frivolidade, falta de refinamento, comportamento deselegante, gravidez indesejada.
- Significado Divinatório: carta relacionada aos processos de fertilidade em nossa vida. Ligada aos nossos sentimentos e paixões, na qual as emoções têm mais peso que os pensamentos. Indica que é hora de a pessoa perceber sua beleza interior e mostrá-la ao mundo. Também diz que para sua felicidade ser completa é momento de explorar mais a porção feminina de sua psique e trabalhar os conflitos maternos não resolvidos.
- Palavra-Chave: FERTILIDADE

IV - IMPERADOR

IV • IMPERADOR

O Imperador é a imagem da experiência psicológica da paternidade. É o pai que incorpora nossos ideais espirituais. Ele é o nosso código de ética e a autossuficiência com a qual conseguimos sobreviver nesse mundo. Autoridade e ambição que nos impulsiona a conseguir aquilo que queremos.

Arcano que se refere a disciplina e a antevisão que precisamos para completar a jornada do Louco, é o espírito, a mente, o raciocínio. O Imperador é o pai dentro de nós, o autorrespeito, o aspecto de nossa personalidade que pode fazer uma escolha ou estabelecer um princípio, para depois aceitar os desafios. É aquele que nos indica que, para aprender a lidar com o pai interior, precisamos conhecer as nossas potencialidades e capacidade de realização e concretização.

Representa a parte da jornada do Louco onde é necessário procurar pelos preceitos morais e éticos que guiam a vida. Ensina que sem princípios, nos tornamos meros joguetes da vida, guiados pelo instinto, sem rumo, colocando nossos erros e fracassos sob a responsabilidade de outras pessoas. Ele nos mostra que precisamos conhecer, perceber e compreender a força interior que carregamos dentro de nós.

O Imperador é aquele que nos ensina a ser fortes, a confiar em nossa própria força, sem que nos submetamos a fragilidades, sustos ou covardia. Representa o homem que enfrentou vários inimigos e se tornou próspero em todas as áreas de sua vida.

- Aspectos Positivos: energia, poder, direito, concentração, certeza nas tomadas de decisões, constância, firmeza, exatidão, realização, energia, perseverança, vontade, concretização.

- Aspectos Negativos: oposições, adversários temíveis e poderosos, contrariedades, oposição governamental, tirania, absolutismo, insucesso, desequilíbrio, impotência, falta de ambição, obstinação destrutiva.

- Significado Divinatório: o Imperador revela os ganhos em todos os sentidos. Simboliza a necessidade da busca da renovação e de momentos satisfatórios para mudanças e recomeços. Está associado às realizações e desejos bem concretizados.

- Palavra-Chave: PODER

V - PAPA

O Papa representa a parte do ser humano que se eleva às questões do espírito, para que possamos compreender o que a Divindade nos deseja. Simboliza o mestre espiritual dentro e fora de cada um de nós, o intermédio entre a consciência terrena e o conhecimento intuitivo das Leis que regem tudo.

Enquanto o mundo da Papisa é escuro e misterioso e não pode ser compreendido pelo intelecto, o mundo do Papa é capaz de ser elucidado e interpretado pela mente humana.

A palavra Pontífice, outra expressão usada para designar o Papa em alguns tarôs, significa literalmente, "o construtor de pontes", uma vez que o seu papel é o de servir como guia espiritual, estabelecendo uma relação entre deuses e homens.

Ele é o interprete que esclarece a natureza das leis que devemos seguir para entrar em sintonia com o Divino.

As leis do Imperador caracterizam a influência do Pai terreno, dizem respeito à conduta digna e a firmeza de caráter do homem dentro do mundo.

Já as leis do Papa se referem à boa conduta do homem aos olhos do que é sagrado.

O Papa caracteriza o poder espiritual sobre a Terra, e é ele que guarda as chaves de acesso aos outros reinos.

Representa o discernimento, a sabedoria, o acúmulo inicial da instrução que é importante para nos conhecermos e também aquilo que reside em nosso interior.

- Aspectos Positivos: sentido de dever, consciência moral, convicções arraigadas, sentimentos fortes, autoridade moral, sacerdócio social, observação das conveniências, respeitabilidade, ensino, conselhos úteis, generosidade, indulgência, paternalismo, conservadorismo.

- Aspectos Negativos: professor autoritário, pregador enfático, pontífice sentencioso, teórico estreito, moralista, metafísico dogmático, conselheiro desprovido de senso prático, fanatismo.

- Significado Divinatório: o Papa geralmente está associado ao mestre espiritual, seja ele interno ou externo. Esta carta pode indicar o encontro com o guia espiritual e a necessidade de começar a estabelecer o contato com o nosso Eu, para promover o *"religare"*.

- Palavra-Chave: ENSINAMENTO

VI - ENAMORADOS

A carta é representada com um jovem entre duas mulheres, uma vestida de uma forma delicada e jovial com pudor e a outra como uma meretriz. Ambas parecem tentar guiar o jovem para fora de uma estrada. A escolha de qualquer uma delas representa o aniquilamento da outra. Acima das figuras é comum ver Cupido, o Deus do amor apontando sua flecha para o jovem.

Os Enamorados apresentam o primeiro grande desafio da vida para o desenvolvimento pessoal, a escolha do amor. O problema não se restringe à escolha entre duas mulheres ou dois homens, e sim aos nossos valores, já que eles nos remetem ao tipo de pessoas que queremos nos tornar. A carta dos Enamorados é aquela que nos ensina que nossas escolhas estão vinculadas aos nossos desejos e não à nossas pessoas.

Ela nos traz o dilema do livre-arbítrio versus instintos.

As consequências das escolhas amorosas são inúmeras, pois afetam todos os níveis de nossas vidas. O fato de desejarmos uma ou outra coisa ou pessoa força o indivíduo a desenvolver seus próprios valores e a aprimorar seus conhecimentos por meio de conflitos que resultam da escolha.

Os Enamorados é aquela parte de nós que é governada pela ânsia incontida do desejo e da satisfação, e que não consegue ver que todas as escolhas conduzem à uma consequência e somos inevitavelmente responsáveis por elas.

Também é o arcano que nos mostra que o amor nutre e consola e que é hora de dizer um basta às manipulações, disputas, jogos e olharmos para dentro de nós, sem defesas, medos, preconceitos ou armaduras. Os Enamorados é a carta que nos ensina que dentro de nós existe um coração pronto para amar e ser amado e está cheio de vida. Ele pode até mesmo se encontrar carente, clamando por socorro, implorando pelas carícias mais carnais ou espirituais.

- Aspectos Positivos: amor, encantamento, sedução, beleza, desejo, afeição, atração física, empatia, determinismo voluntário, escolha, aspirações, livre-arbítrio, exame, deliberação e responsabilidade.

- Aspectos Negativos: prova, dúvida, irresolução, risco de sedução, tentação, leviandade, infidelidade, escolha amorosa, conflito de consciência, sentimento de culpa, fraqueza, falta de contato e indecisão.

- Significado Divinatório: carta que representa um encontro amoroso, o começo de uma relação repleta de totalidade sexual. Pode significar uma escolha a ser feita em qualquer plano da vida humana. Também simboliza duas pessoas que encontraram o verdadeiro amor depois de muitas perseguições e obstáculos. Juntos eles podem superar os problemas que outros criaram.

- Palavra-Chave: ESCOLHA

VII - CARRO

O Carro representa a imagem dos instintos agressivos guiados pela vontade do consciente. Os cavalos que guiam o Carro em direções diferentes evidenciam as ansiedades selvagens que estão em conflito dentro de nós. Essas forças devem ser trabalhadas com poder e firmeza, mas não devem ser reprimidas ou anuladas, pois se o forem, perderemos toda a potência e força para sobrevivermos aos obstáculos da vida. Assim, o Carro aponta algumas vezes para a agressividade natural e o instinto de competição do ser humano, pois o espírito arquetípico do Pai ainda não foi atingido para oferecer um código de ética ou uma visão adequada da situação. Porém, a vontade de ferro e a coragem imensurável são dimensões necessárias da personalidade, suficiente para a sobrevivência neste mundo altamente competitivo e difícil. Após ter invocado o conflito como resultados das escolhas do amor, o Louco deve agora se deparar com a segunda grande lição da vida: a manipulação e utilização dos instintos violentos e turbulentos.

Enquanto os Enamorados traz o desligamento do ser do seu cordão umbilical familiar, o Carro desenha um Eu mais fortalecido, mais preparado para a vida, mesmo com tantos conflitos ainda a serem resolvidos. Os cavalos destacam nossas funções psicológicas em potencial, trabalhando de forma mais integrada. Assim, este arcano revela o ser que conseguiu atingir a estabilidade e chegou a emoções mais equilibradas, mas que ainda tem um longo caminho a percorrer.

O Carro representa o indivíduo que luta pelos seus sonhos e por tudo aquilo que projetou para sua vida. Ele é o ser em busca de crescimento, sucesso, fama, reconhecimento e estabilidade.

- Aspectos Positivos: vitória, triunfo, sucesso, avanço merecido, talento, capacidade, aptidões bem aproveitadas, habilidades políticas e diplomáticas, competência profissional, conciliação dos antagonismos, progresso, mobilidade, viagens por terra.

- Aspectos Negativos: insucesso, derrota, situação usurpada, ambições injustificadas, falta de talento, incapacidade, concessões prejudiciais, governo ilegítimo, oportunismo exagerado, preocupações, hiperatividade, desgaste emocional e físico.

- Significado Divinatório: esta carta enfatiza a pessoa que tem um potencial para ser administrado, um sucesso certo, direção correta, ou conflitos que precisam ser resolvidos. Muitas vezes aparece em um momento de mudança na vida.

- Palavra-Chave: CONQUISTA

VIII - JUSTIÇA

A Justiça é a imagem do julgamento reflexivo e da racionalização dos processos. Para os gregos, essa faculdade era divina, porque diferenciava o homem do animal. Dessa forma, a Justiça não tem por base o sentimento pessoal, mas a avaliação impessoal objetiva de todos os fatores contidos numa situação. Seu julgamento se estrutura nos princípios éticos que servem de parâmetros rígidos para a sua escolha. Sua característica é ensinar as artes da civilização, que também reflete a capacidade da mente em conter a natureza indomável em questão e transformá-la em planejamento objetivo por meio da clareza. Representa o desejo de lutar por princípios, em vez de paixões, a capacidade da mente em fazer escolhas refletidas, mantendo os instintos sob controle.

Arcano da introspecção e dos assuntos interiores, que nos ensina a investigar o passado. Nele está a chave para os acontecimentos presentes. Ela nos remete ao significado do que somos verdadeiramente hoje, já que somos produto do nosso passado. Este arcano nos leva através do entendimento do que já passou, à compreensão pretérita que implica uma análise imparcial das motivações inconscientes, que nos levaram a tomar determinadas atitudes. Através do entendimento do passado poderemos moldar um presente mais harmônico e passamos a assumir a responsabilidade pelo que nos tornamos.

A Justiça nos ensina o verdadeiro significado do livre-arbítrio: a capacidade de fazermos o que é importante para a nossa vida de forma consciente e consequentemente equilíbrada. É ela quem nos mostra as inúmeras possibilidades de nos centrarmos para ficarmos bem e não nos perdermos para sempre na estrada do Louco.

- Aspectos Positivos: justiça, equidade, equilíbrio, virtude, ponderação, rigor, precisão, integridade, senso comum, estabilidade, ordem, regularidade, método e organização, lei, disciplina, lógica, adaptação, comedimento, obediência.

- Aspectos Negativos: injustiça, abuso, prevaricação, desvio de lei, conservadorismo, favorecimento injusto, submissão, falta de iniciativa, interpretação estreita das coisas, burocracia, processos e contestações legais, exploração, tráfico de influências e corrupções.

- Significado Divinatório: a Justiça nos mostra que tudo o que colhemos é o que plantamos. É hora de sermos honestos para compreendermos que estamos recebendo o que merecemos, sem esquecermos que nosso futuro pode ser mudado através das lições aprendidas.

- Palavra-Chave: EQUILÍBRIO

IX - EREMITA

O Eremita representa mais uma das lições que o Louco deve aprender; a lição do tempo e das limitações da vida. Nada pode ir além das limitações humanas e nada deve permanecer inalterado. O Eremita traz a lição que só a idade pode nos ensinar: experiência e paciência.

Exatamente por este motivo o Eremita caminha só, porque deve aprender na solidão e no silêncio aquilo que o fará chegar à sua plenitude e entendimento de sua própria alma. Ele nos traz a experiência de que, por mais pessoas e amigos que tenhamos em nossa vida, estamos sempre sós na missão da autodescoberta.

O Eremita nos fala da jornada introspectiva, ele é o nosso mestre interior, que nos leva de encontro à nossa sombra, para podermos compreender corretamente o nosso inconsciente.

Este arcano nos ensina a reunir tudo o que é rejeitado pelo ego e a integrar sombras e luz, bondade e maldade.

Ele nos conduz ao repouso e recolhimento, pois tudo o que ele requer é a quietude interior. É o desligamento do mundo interior que nos capacita a penetrar no nosso lado inconsciente que é rico de simbologias que precisamos decodificar.

No Eremita encontramos conforto e apoio espiritual, pois ele é o nosso orientador, aquele que vai nos ensinar a percorrer o caminho do Tarô sem medos, receios e perigos. Ele é o senhor do tempo. Está além de todas as coisas. A sabedoria já lhe foi concedida com a idade e experiências que só o tempo pode lhe fornecer.

- Aspectos Positivos: sabedoria, austeridade, continência, sobriedade, discrição, prudência, reserva, restrição, abstinência, solidão, isolamento, concentração, mergulho em si mesmo, silêncio, aprofundamento, meditação, estudos ocultos, ocultista que guarda o seu segredo.

- Aspectos Negativos: misantropia, timidez, circunspecção, imaturidade, mutismo, misoginia, celibatarismo, castidade, pobreza e avareza, falta de sociabilidade.

- Significado Divinatório: o Eremita anuncia uma retirada física, mental ou emocional do mundo cotidiano. É hora de aceitar a solidão e não tentar estabelecer relações com pessoas que não se encontram em nossa sintonia. Pode indicar um encontro com alguém mais experiente e que nos mostrará o caminho a seguir.

- Palavra-Chave: RECOLHIMENTO

X - RODA DA FORTUNA

A Roda da Fortuna representa a lei que reside no interior de cada um de nós. A lei desconhecida e invisível que determina as súbitas mudanças e que altera os padrões preestabelecidos pela vida. Ela anuncia os altos e baixos da vida e mostra que aquele que está por cima hoje, amanhã pode estar por baixo. Associada não somente às mudanças da vida, mas também a vivência de partes de dentro de nós, aquela figura que costumeiramente projetamos no mundo visível para assim podermos culpar os outros ou as circunstâncias de ocasionais mudanças repentinas. As viradas em nossa vida nos faz compreender esta outra parte do nosso ser como sendo o movimento inteligente por trás de tudo – o destino que carregamos dentro de nós. A Roda representa o eterno ciclo da vida e o nosso Eu que escolhe a direção que deseja seguir. É o arcano que nos indica que não é o destino que vem ao nosso encontro, mas sim nós que vamos ao encontro dele.

Simboliza o homem que não deseja se transformar, mas é impulsionado pelo Self que deseja esta mudança. Caracteriza as artimanhas que o Self utiliza para nos forçar a tomar atitudes que serão significativas para a nossa vida.

A Roda da Fortuna nos traz as modificações da vida, sejam elas agradáveis ou não, e também o iminente retorno da Lei do Karma, que é um fator importante no dia a dia, pois nos tira de posturas de acomodação. É a força que vem e nos impulsiona aos nossos processos de individuação.

Assim como a Roda, a evolução nos traz grandes possibilidades, mas também a necessidade de agir consciente e responsavelmente por causa da lei de causa e efeito. Da mesma forma que o movimento rotativo, a retribuição pode ser rápida ou lenta. Ela possui seu próprio ritmo divino, e nada, nem ninguém consegue alterá-lo ou modificá-lo, e uma vez em ação, só uma força superior ou alguém bem treinado pode controlá-la.

- Aspectos Positivos: fortuna, sorte, destino, felicidade, sagacidade, presença de espírito, senso de oportunidade, ganhos em jogos, influências benéficas da lei tríplice, recompensa por boas ações, senso de oportunidade, ganhos em jogos, espontaneidade, felicidade inesperada, bom humor, descontração.
- Aspectos Negativos: reveses, perdas, situação instável, negligência, despreocupação, insegurança, especulação, falta de seriedade, falta de controle nos gastos, acontecimentos desagradáveis gerados por nós mesmos.
- Significado Divinatório: a Roda da Fortuna representa mudanças repentinas em nossa vida, bem como as grandes viradas de sorte no caminho que percorremos. Ela está conectada com o ciclo de vida e morte.
- Palavra-Chave: IMPERMANÊNCIA

XI - FORÇA

XI · FORÇA

A Força está relacionada ao eterno problema da contenção da fera dentro de nós, ao mesmo tempo em que tentamos preservar as características primitivas, o instinto vital e criativo.

O leão é um animal especial e representa um aspecto distinto da nossa psique se comparado aos cavalos do Carro. Sempre relacionado com a realeza, mesmo quando em sua forma mais feroz, este rei dos animais é a imagem do princípio infantil, egocêntrico e totalmente selvagem, desde o início da formação de uma personalidade. Desta maneira, o leão não pode ser uma figura completamente má, porque possui uma pele mágica, à prova de qualquer arma, que lhe garante invencibilidade. Esta invencibilidade está ligada ao sentido da permanência interior que surge a partir do reconhecimento do próprio eu. Entretanto, por mais promissora que possa parecer a pele do leão, não devemos nos esquecer de que ele é um animal selvagem e que tem vícios próprios da natureza animal. E o aspecto evidente de uma pessoa mal conduzida é exatamente o impulso do eu primeiro que irá destituir qualquer um ou qualquer coisa que se interponha em seu caminho para que sua própria satisfação seja garantida.

A Força é a energia primal que reside dentro de nós e que nos impulsiona a seguir adiante e ir buscar nossos ideais, sonhos e vontades.

É a energia que ensina a deixar a fera que existe em você sair e fazer o que é necessário nos momentos certos.

- Aspectos Positivos: força de convicção, coragem, virtude, energia, moral, calma, intrepidez, poder anímico, domínio das paixões, o espírito dominando a matéria, inteligência vencer a brutalidade, sucesso nos empreendimentos.

- Aspectos Negativos: cólera, impaciência, agressividade, ardor, imoderação, insensibilidade, crueldade, discórdia, disputa, luta, conquista violenta, derrota, brutalidade, incêndio, cirurgia.

- Significado Divinatório: a Força geralmente nos aparece quando é necessário sermos fortes para darmos continuidade ao que foi conquistado ou conquistarmos aquilo que necessitamos. Revela o nosso lado mais primitivo e animalesco que pode nos ajudar na hora em que é necessário sermos mais incisivos, agressivos ou diretos.

- Palavra-Chave: FORÇA

XII - ENFORCADO

O Enforcado é a imagem do sacrifício voluntário em benefício de um bem maior. Este sacrifício pode ser visível ou uma atitude interior, porém é feito conscientemente com total aceitação do que poderá ser requerido.

No arcano da Roda da Fortuna, o Louco se defronta com as súbitas mudanças de sorte. E nós, assim como o Louco, podemos reagir a "tais mudanças" de várias formas. Algumas pessoas não conseguem se adaptar e se agarram ao passado perdido. Outras se tornam amargas, desiludidas, culpam à vida, à sociedade e aos deuses pelos seus fracassos. Assim, o Enforcado, é o símbolo daquilo que dentro de nós consegue antever e compreender que tais mudanças, talvez sejam necessárias para o desenvolvimento de algum desígnio que ainda não se manifestou.

Este arcano representa uma atitude de submissão voluntária ao eixo misterioso por trás do qual se realizam as voltas da Roda e o julgamento da Justiça. O Enforcado é a carta que nos leva de encontro a aceitação da espera na escuridão. O homem está suspenso e torturado pelo medo de que seu sacrifício seja em vão. Sob muitos aspectos significa, que tem que abrir mão do controle para uma vida melhor surgir – uma espécie de espírito visionário dentro de cada um de nós, que consegue abandonar tudo o que já conseguiu anteriormente para uma consciência maior das coisas.

O sacrifício do Enforcado em certo ponto pode ser até psicológico e imaginário, mas ele se torna real quando nos concentramos em nossa tristeza, sem sairmos em busca de uma solução efetiva.

- Aspectos Positivos: sacrifício, renúncia, abnegação, desinteresse, devoção, submissão ao dever, patriotismo, dedicação a uma causa.

- Aspectos Negativos: falta de dedicação, promessas não cumpridas, projetos não realizados, amor não compartilhado, bons sentimentos explorados, incapacidade de realização, fraqueza e perdas.

- Signficado Divinatório: o Enforcado indica que é hora de enfrentar os momentos de tensão com paz de espírito e clareza mental. Ele pode representar um final de relacionamento estagnado e a necessidade de mudar velhos padrões de comportamento.

- Palavra-Chave: SACRIFÍCIO

XIII • MORTE

XIII - MORTE

O arcano da Morte nos é apresentado através da clássica figura de uma caveira que, em suas mãos, traz a foice com a qual extermina todos aqueles que já cumpriram seu papel no grande palco da vida. A Morte não reconhece e não perdoa reis, nobres, ou seja quem for. Ela simplesmente executa sua função e missão que é levá-los de volta em seu devido tempo.

Simboliza a finalização definitiva de um ciclo. Sempre que mudamos, uma nova atitude ou novas circunstâncias ocorrem. Morre a postura antiga que jamais voltará a ser como era. Sendo assim, a Morte é o símbolo daquilo que experimentamos com todos os finais, não somente o físico. Além disso, seu esqueleto indica o luto, a dor que sempre acompanha um término, e que é tão necessária para começarmos um novo ciclo. Na carta do Enforcado encontramos a experiência da submissão voluntária às leis invisíveis e da decisão de abrir mão de algo na esperança de que uma nova fase possa surgir. Agora a Morte representa aquele estágio intermediário onde somos colocados face a face com a total irrevogabilidade de nossa perda, antes de termos a sensação de que algo novo está para acontecer.

A Morte não significa necessariamente a finalização ruim. A experiência inevitável da morte pode estar relacionada a fatos completamente agradáveis como um casamento ou nascimento de uma criança, porque tais fatos não apenas indicam o início de algo novo, mas também a morte de uma forma antiga de vida e a perda que deve ser reconhecida. Ela nos ensina, no entanto, que depois do momento traumático da dor virá o renascimento e a abertura de novas possibilidades.

- Aspectos Positivos: morte, perda benéfica, abertura de espaço, transformação, aprender a lidar com o nó mágico, libertação, modificação, perda do velho para a chegada do novo.

- Aspectos Negativos: fatalidade, morte, perda negativa, apego, não saber lidar com as perdas e transformações da vida.

- Significado Divinatório: a Morte geralmente aparece em nossa vida quando é hora de nos desprendermos de alguma coisa que nos limita e impede de prosseguirmos. Ela traz a transformação necessária, o fim para o recomeço, a morte do velho para a chegada do novo. É quem nos possibilita a libertação dos processos dolorosos de nossas vidas.

- Palavra-Chave: TRANSFORMAÇÃO

XIV • TEMPERANÇA

XIV - TEMPERANÇA

A Temperança representa uma das lições que o Louco deve aprender; alcançar um coração equilibrado em meio à dor da espera. Este arcano também simboliza a justiça boa e misericordiosa, embora sua misericórdia não seja piegas ou sentimental. Está ligada aos sentimentos, que é diferente da emoção, pois a emoção é uma escolha refletida do afeto. A função do sentimento é uma constante variação entre os opostos, uma cuidadosa percepção das necessidades de uma situação específica, com o objetivo de harmonizar os relacionamentos no final. Por isso o ser alado derrama sem cessar a água do seu jarro, porque o sentimento precisa fluir constantemente para renovar, de acordo com as necessidades de cada momento. Enquanto as lições aprendidas com a Justiça são rígidas, estáticas e universais, o objetivo da Temperança requer um ajuste contínuo e fluído, às vezes positivo ou negativo.

A palavra Temperança significa controle, moderação, abstenção. Por outro lado temperar significa misturar, combinar. Exatamente por isso este é o arcano da arte da combinação mágica, alquímica, espiritual. É o estágio final do aprendizado do ego que o Louco começou a trabalhar no arcano do Carro. Ele nos traz o início dos processos da relação espontânea e criativa que desenvolvemos com o mundo e a necessidade da combinação da sabedoria adquirida pelos arcanos da Justiça e da Morte. Nos fala da relação do indivíduo consigo mesmo e com o mundo ao seu redor. As águas da Temperança representam as nossas emoções que fluem de dentro para fora e vice-versa. É quem nos ensinará a nos relacionar com o mundo outra vez, só que agora, sem perder a perspectiva de nós mesmos.

- Aspectos Positivos: harmonia dos opostos, acomodação de interesses, praticidade, paciência, moderação, serenidade, capacidade de composição, adaptabilidade, sociabilidade, aceitação dos acontecimentos.

- Aspectos Negativos: indiferença, inação, omissão, falta de personalidade, inconstância, humor cambiante, tendência de se deixar levar pelos outros, passividade, submissão aos costumes e aos preconceitos, resultados insatisfatórios, incapacidade de fluir.

- Significado Divinatório: quando a Temperança aparece, ela nos traz um momento de reflexão para maior equilíbrio. Indica que não é hora de tomar grandes decisões, mas sim aguardar o momento certo para agir.

- Palavra-Chave: ESPERA

XV - DIABO

XV · DIABO

O Diabo representa a servidão aos instintos da natureza. Uma vez que foi adorado em grutas e cavernas que causavam medo, sua imagem nos sugere tanto o que podemos temer como nos encantar, ou seja, prazeres, luxos, impulsos sexuais e animais, e o que consideramos mal por causa de sua natureza instintiva ou compulsiva.

Entretanto, a presença deste entre os arcanos maiores do Tarô indica que as tentações foram relegadas aos confins de nosso inconsciente, representando tudo àquilo que tememos, odiamos e desprezamos em nós mesmos e que, por fim, acaba por nos escravizar exatamente por serem aspectos temidos e rejeitados. A questão da vergonha do próprio corpo e dos impulsos sexuais, especialmente aqueles que a psicanálise tanto se empenhou em trazer à luz nestes últimos tempos; fantasias, taras, complexos de inferioridade por causa da aparência, etc., são todas as questões que a carta do Diabo personifica.

Aqui estão inclusas não só nossas fantasias sexuais, mas a capacidade de pensar, rir, amar e alcançar o prazer de todas as formas. O Diabo revela a parte da Sombra onde estão impressas todas as repressões do ser humano, encerradas no inconsciente, porque ainda não encontrou uma chance de se manifestar. Ele vem nos ensinar que é hora de compreendermos, aceitarmos e trabalharmos o nosso lado instintivo e primitivo, pois assim poderemos acumular um poder enorme ao dominar os nossos pontos mais fracos.

Por outro lado, o arcano do Diabo fala de nossa escravidão pelo mundo material. Aqui estamos nos referindo a tudo: dinheiro, propriedades, sexualidade desequilibrada em função dos preconceitos, falsas noções de pecado, poder, nossas emoções, as emoções dos outros, nossas ações, aparências, etc. O Diabo nos leva a fazer uma avaliação sobre estes conceitos e romper com aquilo que nos aprisiona e nos limita.

- Aspectos Positivos: instintos controlados, sexualidade bem resolvida, facilidade de expressão e de compreensão, poder de dirigir pessoas e situações, prosperidade, dinheiro rápido, liberdade, pessoa sincera.

- Aspectos Negativos: instintos descontrolados, sexualidade mal resolvida, pouca facilidade de expressão, não consegue compreender, falta de oportunidades, pobreza, gasto de dinheiro, prisão, pessoa dominadora e manipuladora, falta de sinceridade.

- Significado Divinatório: quando o Diabo aparece, é hora de reavaliar seus conceitos sexuais e materiais. Geralmente ele representa que estamos presos à uma situação ou pessoa e que é hora de buscarmos pela nossa liberdade em todas as manifestações. Muitas vezes, ele pode demonstrar que estamos com vontade de falar algo para alguém e que precisamos fazer isso para que as coisas transcorram positivamente.

- Palavra-Chave: INSTINTOS

XVI - TORRE

Neste arcano vemos uma torre sendo destruída por um raio, ao mesmo tempo em que pessoas são arremessadas para fora dela e caem em direção ao chão, parecendo completamente despreparadas para o que está ocorrendo.

A Torre retrata a queda dos antigos padrões. Se notarmos, é a única estrutura construída pelos homens que tem proeminência dentre todos os arcanos. Exatamente por isso ela representa tanto as estruturas internas, quanto externas do homem, que construímos para servir de defesa contra os perigos da vida e, em um sentido mais simbólico, como esconderijo para os aspectos negativos e menos agradáveis da nossa personalidade. De um modo geral, a Torre é a imagem da fachada socialmente aceitável que adaptamos para esconder nossa fera interior. Assim, nos utilizamos de nossas profissões, de condições favoráveis, de filiações à instituições respeitáveis e ótimas companhias, lançamos sorrisos afáveis e maneiras diplomáticas, cultuamos uma aparência bem cuidada e ressaltamos nossa rigidez moral familiar. Tudo isso para tentar esconder os segredos vergonhosos que estão ocultos na carta do Diabo.

A Torre é a estrutura dos falsos valores, ou daqueles já superados, daquela postura diante da vida que não se origina do ser como um todo, mas que vestimos como a roupa de um determinado personagem de uma peça, apenas para impressionar a plateia. Da mesma forma ela também representa as estruturas que construímos no mundo externo para completar nosso eu incompleto. Assim, quando o Louco se depara com a Torre, no coração do labirinto da verdade, ele se modifica com o encontro e fica mais humilde, completo, ideal e realista.

- Aspectos Positivos: temeridade, desconfiança, medo de empreendimentos arriscados, experiência adquirida com os erros dos outros, bom senso, comedimento, timidez, piedade, humildade, materialismo religioso, crise de saúde, parto.

- Aspectos Negativos: ruína, catástrofes provocadas por imprudência. Erro punido, doença, maternidade clandestina, escândalo, hipocrisia desmascarada, abusos, exageros, presunção, orgulho, megalomania, autoilusão.

- Significado Divinatório: a Torre destaca as energias inconscientes que estão represadas e que impedem o crescimento. Ela traz um momento de quebra de estrutura que abalará todas as fundações do nosso ser para um maior crescimento ou libertação de um processo que nos aprisiona.

- Palavra-Chave: DESTRUIÇÃO

XVII - ESTRELA

No arcano da Estrela vemos a figura de uma linda mulher nua despejando água de dois jarros que formam um rio. Acima de sua cabeça vemos a estrela, brilhando, anunciando a chegada de um novo tempo.

A Estrela é a parte do ser que apesar das frustrações e desapontamentos ainda tem forças para se agarrar ao sentido da vida e do futuro, podendo superar todos os obstáculos, barreiras e impedimentos. Está relacionada à esperança que guia e dissipa a escuridão da vida.

É a carta da fé de que um dia melhor sempre vem depois de uma tempestade, na certeza irracional e inexplicável de que em breve uma nova luz brilhará. É a carta que nos liga a algo profundo dentro de nós, aquilo que muitas vezes chamamos de força para viver.

Ela é o período de repouso e tranquilidade, já que o que nos prejudicava foi extraído na carta da Torre e agora não temos mais com o que nos preocupar.

A nudez da mulher, na carta da Estrela, determina a ausência de couraças, a pessoa que não precisa mais de aprovações para ser feliz, que não depende de nada nem ninguém. As águas que fluem representam o acesso livre ao inconsciente, a livre expressão das emoções e sentimentos.

A Estrela sempre está associada à serenidade, tranquilidade. Ela nos mostra a paz que encontraremos após atravessarmos períodos difíceis. Simboliza a recuperação espiritual e o repouso que necessitamos quando temos uma visão abrangente daquilo que passamos e ao fazermos nossos planos para o futuro.

- Aspectos Positivos: esperança, otimismo, confiança, candura, pureza, inocência, sensibilidade, contemplação, romantismo, beleza, inspiração, bondade, compaixão, sentimentos elevados, idealismo, amor, influências favoráveis, amor à natureza.

- Aspectos Negativos: ilusões, irrealidade, espírito perdido em fantasias, decepções, rancor, falta de espontaneidade, artificialidade, despudor, imoralidade, leviandade.

- Significado Divinatório: a Estrela representa um momento de cura e esperança, a integração ativa, mas suave entre o consciente e o inconsciente. Momento de confiar em si mesmo, de ter fé e esperança para solucionar as situações.

- Palavra-Chave: ESPERANÇA

XVIII - LUA

XVIII · LUA

A Lua representa as profundezas fluidas do inconsciente. Já nos deparamos anteriormente com este reino misterioso muitas vezes através dos arcanos do Tarô. Ela revela uma progressão no aprofundamento da compreensão e experimentação do mundo inconsciente. Simboliza a experiência do imenso oceano do inconsciente coletivo, do qual não somente o indivíduo, mas toda a vida veio à tona. Ela é muito mais do que uma configuração das profundezas pessoais. Encarna o princípio da vida propriamente dita, e suas três fases refletem o poder multifacetado sobre o céu, terra e trevas. Este é um mundo caótico sem fronteiras onde o indivíduo em sua viagem pessoal na busca da identidade representa uma pequenina parte apenas.

O encontro com a Lua é o confronto com um mundo transpessoal, no qual os limites individuais estão diluídos, onde o sentimento e o ego de direção ficam perdidos. É como se tivéssemos de esperar submersos nas águas desse mundo, até que nossos potenciais possam emergir e por sua vez, se transformarão em nosso futuro. A Lua caracteriza nosso último mergulho ao inconsciente, o encontro com as emoções que ainda não aceitamos conscientemente. Ela traz o confronto final com as últimas sombras que ainda restaram no indivíduo mais evoluído e que ele ainda tem que encarar antes de alcançar o Sol, que remete à consciência expandida de si mesmo. Consequentemente, traz mais um momento de conflitos internos com os nossos poderes intuitivos, imaginativos e sensitivos.

- Aspectos Positivos: objetividade, mundo sensível, experiências de vida, aprendizado pela dor, conquista penosa, sentimento elevado do espírito, o trabalho, as tarefas da vida, atividades enfadonhas, mas necessárias.

- Aspectos Negativos: imaginação, aparências, ilusões, erro do sentido, falsas suposições, teorias falaciosas, visionarismo, alucinações, desvarios, fantasias, sensibilidade a adulações, ameaças e chantagens, apego ao passado.

- Significado Divinatório: a Lua representa o inconsciente ativado, período de muitas fantasias e contato direto com as emoções jamais assumidas, pode indicar um período de interiorização, coisas ocultas que aparecerão ou serão reveladas.

- Palavra-Chave: ILUSÃO

XIX - SOL

O Sol representa a imagem da ânsia pela conscientização presente na vida de todos. Consequentemente, é o complemento natural da Lua. Durante muitos séculos e através da ascensão e queda de muitas civilizações e culturas, o desejo do saber e a vontade de romper as amarras da ignorância levavam a humanidade a alturas perigosas, contudo majestosas. Caracteriza então, o espírito da sede de elevação, conhecimento, inquietação intelectual, aliada a uma visão do futuro que abrange um ideal de perfeição. E assim, aqui, o Louco se encontra com o Sol, para obter a esperança e a lucidez da luz do dia após uma longa noite de espera e reflexões no ventre da Lua. Através das muitas perdas e julgamentos a que foi submetido, O Louco consegue manter sua integridade e preservar seu objetivo. O Sol surge para dissipar suas dúvidas, todo medo, angústia e com seus raios afastar as sombras.

As sombras da Lua representam o medo infantil da noite, quando nos sentimos diminuídos e sem importância, diante da vastidão do conhecimento, ameaçados pela força gigantesca que surge não apenas da luta individual, mas de todos nós. O Sol é a restauração da nobreza humana e a determinação de que podemos restabelecer nossa fé em nós mesmos, justamente porque, essa fé é o grande objetivo da viagem de todos os homens e do Louco. Espelha luz, saúde e alegria. Simboliza o crescimento e o desenvolvimento harmonioso de todos os aspectos da vida.

- Aspectos Positivos: luz, inteligência, discernimento, clareza de expressão e de julgamento, talento literário e artístico, inspiração, boa reputação, compreensão ampla, glória, sucesso, fama, talento reconhecido, harmonia, entendimento, felicidade conjugal, fraternidade, razão.

- Aspectos Negativos: orgulho, vaidade, amor-próprio, posse, apego às aparências, miséria, blefe, artista medíocre ou incompreendido.

- Significado Divinatório: o Sol comprova que a realização de todos os desejos é possível. Pode representar o começo de um relacionamento amoroso que será gratificante. Capacidade de enxergar a beleza da vida. Otimismo, felicidade e alegria, maneiras inovadoras de enxergar e entender o mundo.

- Palavra-Chave: FELICIDADE

XX · JULGAMENTO

XX - JULGAMENTO

Este é o arcano que desperta os homens para o mundo espiritual. Retrata a somatória de experiências passadas que, como fragmentos, se juntam para compor o todo. Representa as consequências das experiências e a necessidade de compreendê-las e aceitá-las. Esta somatória não se reflete meramente numa função intelectual, mas também no amadurecimento do subconsciente.

O Julgamento é o chamado para que o adormecido desperte para as várias ações e decisões que realizamos para juntarmos todos os frutos e procedermos à colheita. O artista consegue experimentar este processo quando, após muitas horas, semanas, meses e até anos de trabalho a fio, na tentativa de formular, pesquisar e colocar em prática alguma técnica, dá forma a uma ideia ou um projeto. Subitamente, algo surge do nada e faz nascer uma nova obra. É a carta do insight que dá sentido ao quebra-cabeça que finalmente se encaixa, organiza algo que permanecia vago durante muito tempo. É também o arcano que dá sentido à vida como síntese de um processo e com uma nova proposta de desenvolvimento. Assim, toda a alegoria desta carta significa a realidade do processo do nascimento espiritual do Louco que se aproxima do arcano do Mundo, após tantas reflexões, ponderações e desafios vividos nos arcanos anteriores. O Julgamento traz uma personalidade mais completa, que surge de uma forma não racional, a partir das experiências do passado, entrelaçada pelo insight e com a sensação de que os fatos e circunstâncias aparentemente causais estão, na verdade, secretamente ligados uns aos outros.

É o arcano da transformação alquímica da vida, já que agora, cada coisa na vida torna-se o seu oposto: morte em vida, ódio em amor, fracasso em sucesso e assim sucessivamente.

- Aspectos Positivos: entusiasmo, exaltação, espiritualidade, renascimento, renovação, inspiração, julgamento, decisão, missão, apelo místico, profetismo, pregação mística.

- Aspectos Negativos: fanatismo, falso profeta, baixa espiritualidade, confusões, agitação de massas.

- Significado Divinatório: o arcano do Julgamento indica a necessidade de ver o mundo através de um novo prisma, mesmo que seja mais individualista. Ele invariavelmente traz um chamado divino para a mudança interna ou externa.

- Palavra-Chave: DESPERTAR

XXI - MUNDO

O arcano do Mundo representa a experiência de estarmos inteiros e completos. Este é o arcano da Iniciação, a experiência mística que ocorre tempos depois de nossas reflexões, ponderações e relação com o sagrado.

O Mundo é o arcano que traz o potencial de integração em cada um de nós e a realização em razão das nossas várias experiências na viagem do Caminho do Tarô. Esta é a viagem que conduz o indivíduo à totalização do próprio ser.

Aqui, encontram-se equilibradas todas as energias com as quais nos deparamos através de nossa viagem: o cuidado maternal e a ética paternal, intuição e razão, mente e sentimento, relacionamentos e solidão, conflito e harmonia, espírito e matéria.

O Mundo é a imagem da complementação, da integração total, o objetivo ideal, que é algo muito mais importante do que qualquer coisa que possamos obter em nossas vidas. É a expressão de que os elementos conflitantes de nossa própria personalidade se aquietaram, de forma que agora é possível sentir o equilíbrio e a paz em nosso interior, dando espaço para a resolução interna.

Arcano da unidade, o Louco agora se reconciliou consigo mesmo e está em unicidade com o Universo.

Agora o Louco, sem máscaras, sem jogos, sem dissimulações, despojado de seus preconceitos e inseguranças está pronto para cumprir sua missão que é encontrar a unidade com o sagrado e se unir à dança da vida e da Criação.

- Aspectos Positivos: fortuna, sucesso completo, coroamento de uma obra, realização de um projeto, circunstâncias propícias, ambiente favorável, êxtase, integração absoluta.

- Aspectos Negativos: obstáculo, distração, falta de concentração e disciplina, ruína, fracasso, desconsideração social, perda de prestígio.

- Significado Divinatório: agora você realmente enxerga as coisas como elas se apresentam e são. É hora da colheita, de receber os méritos pelos trabalhos realizados e prestados. A vida lhe coroará com a retribuição justas aos seus esforços. O Mundo traz a satisfação, o sucesso e a realização.

- Palavra-Chave: REALIZAÇÃO

INTRODUÇÃO AOS ARCANOS MENORES

O Tarô é dividido em 22 arcanos maiores e 56 arcanos menores. Como visto anteriormente, a palavra Arcano significa "Mistério". Assim, os arcanos menores falam sobre os mistérios secundários da vida e da relação do homem com o Sagrado.

Os arcanos maiores estão ligados aos arquétipos do universo, enquanto os Menores se relacionam diretamente às situações diárias que enfrentamos enquanto vivemos o Caminho do Louco em busca de nossa Totalidade e reconexão com o Divino.

Os 56 arcanos menores são divididos em 4 naipes de 14 cartas cada um. A palavra *naipe* vem do termo "naib" que significa literalmente *mensageiro* ou *representante*. Podemos deduzir assim, que as cartas de cada naipe simbolizam as mensagens, diretas ou indiretas a nós enviadas para que possamos crescer e evoluir em nossa busca pessoal.

Eles caracterizam os mistérios do dia a dia, os eventos diários que nos circundam e que muito podem nos ensinar.

Suas figuras representam pessoas ou conceitos. Cada carta, figura ou número, reflete um aspecto da consciência humana ou uma experiência a ser vivida.

OS SÍMBOLOS

Muitos são os símbolos que podem ser encontrados no Tarô, lembrando que eles não precisam ser necessariamente físicos. Eles podem estar implicitamente retratados nas posturas dos personagens dos arcanos.

Conheça abaixo os significados gerais dos símbolos mais comuns encontrados nos arcanos menores do Tarô:

- ÁGUA: representa o psíquico e o subconsciente. Simboliza a força do amor, os fluxos e refluxos da vida.

- ANIMAIS: representam a ligação com a nossa essência, nosso eu interior e poder instintivo. Quando um animal aparece em um arcano do Tarô, aponta para a nossa capacidade de sentir e perceber o mundo ao nosso redor sob um novo prisma. Animais trazem a energia da pureza e ligação com o Sagrado.

- ARCO E FLECHA: representam o nosso poder de atingir as metas e objetivos estabelecidos. O arco e flecha estão ligados aos poderes lunares. Referem-se a nossa capacidade de ir além, onde ninguém jamais ousou chegar. Este ir além pode estar ligado ao nosso mundo interior ou conquistas pessoais.

- CAJADO: representa orientação sábia e conhecedora e intervenção divina. No Tarô, o cajado simboliza a força criativa e realizadora de quem o segura. Está ligado ao poder pessoal e ao auxílio amigo nos momentos mais inesperados.

- CÁLICE: representa o poder do Feminino, a nossa capacidade de adaptabilidade e sentir o amor em suas muitas formas. Ele corresponde à verdade de nosso espírito, o poder do equilíbrio e a energia da purificação, os mistérios inexplorados de nossa alma que precisam ser decifrados.

- CÍRCULO: representa a unidade, a proteção e a força mágica. É a nossa ligação com o Mundo Divino, é ele que abre os portais que nos levam ao Outro Mundo para comungarmos com o Divino. Nos arcanos do Tarô ele simboliza presença divina.

- COROA: representa o símbolo da realeza, a vontade, a descoberta de nossos verdadeiros propósitos. Está diretamente ligada à sabedoria e maestria sobre algum tema da vida humana.

- ESCUDO: representa a capacidade que possuímos de defender ou a necessidade de sermos defendidos. Também está ligado ao nosso poder de resistência e força realizadora.

- ESPADA: representa o espírito de liberdade, defesa ou um alerta. A Espada também está ligada a separação do bem e do mal, à justiça e retribuição justa através de nossos atos.

- ESTRELA: representa sorte, fortuna e boa esperança. Está relacionada ao nosso poder de realização e capacidade de sermos reconhecidos positivamente por nossos atos.

- FLORES: representam a alegria de viver, renovação e vitalidade.

- FOICE: representa a morte do velho para o início do novo, a força transformadora e renovadora da vida. Está associada à sabedoria e aos conhecimentos ocultos.

- LUA: representa nossas emoções e o poder da fertilidade e mudanças. Os arcanos onde a Lua estiver presente expressam a mudança repentina no curso das ações, algo oculto e surpresas inesperadas, como suas muitas fases no céu.

- QUADRADO: representa o mundo e a natureza. Está ligado aos quatro pontos cardeais, aos quatro elementos, às quatro estações, etc. Simboliza a necessidade de superação dos obstáculos e impedimentos do plano material, físico.
- TRIÂNGULO: representa nossa ligação com o Mundo do Espírito. Se estiver voltado para baixo, expressa a junção do arcano com os poderes espirituais femininos e germinadores. Se estiver voltado para cima, funde-se aos poderes masculinos e fertilizadores.

Apesar de estarem primeiramente relacionados com os arcanos menores, os significados destes símbolos também podem ser aplicados aos arcanos maiores quando forem identificados em uma leitura.

CORES

As cores também nos oferecem importantes pistas sobre os atributos e propósitos de cada arcano:

- AMARELO: vitalidade, boa energia, cura, inteligência e entusiasmo.
- AZUL: paz, harmonia, tranquilidade, ligação com a Deusa, o equilíbrio de todas as ordens.
- BRANCO: poder ancestral, alma, inocência, pureza, fé, conexão com o mundo dos espíritos e ancestrais.
- LARANJA: energia vital, poder de cura, alegria e entusiasmo.
- MARROM: conexão com a Terra, seriedade, força realizadora, capacidade de acúmulo de bens materiais.
- PRETO: fim de um ciclo e início do outro, renovação, a morte do velho para o início do novo.
- ROSA: energia do amor, cordialidade, concórdia e harmonia.

- **VERDE:** proteção, esperança, ligação com a natureza, fartura e sabedoria.
- **VERMELHO:** garra, vigor, força realizadora, poder, desejos e paixões.

GESTOS E POSIÇÕES

Os gestos e posições dos personagens de cada carta falam sobre a atuação do arcano sobre o presente, passado ou futuro. Eles nos trazem informações sobre os acontecimentos da vida e seus desencadeamentos.

- **OLHANDO PARA A ESQUERDA:** ligações com o passado.
- **OLHANDO PARA FRENTE:** ligações com o presente.
- **OLHANDO PARA A DIREITA:** ligações com o futuro.
- **PERSONAGEM EM PÉ:** ação imediata ou um acontecimento próximo.
- **PERSONAGEM SENTADO:** ação demorada ou acontecimentos futuros que precisarão de tempo para se concretizar.
- **OLHANDO PARA BAIXO:** acontecimentos do presente ligados ao passado.
- **OLHANDO PARA CIMA:** necessidade de quebrar hábitos e vencer as barreiras que estejam limitando um desejo, ação ou acontecimento.

COMPREENDENDO OS NAIPES

Cada naipe dos arcanos menores está associado com um dos quatro elementos, e é isso que determina a esfera, influência e significado de cada carta.

Os quatro naipes estão diretamente ligados aos quatro elementos da natureza e a qualquer outro atributo quaternário como as quatro direções, as quatro estações, as quatro fases da lua, etc.

Os arcanos menores podem ser divididos em dois grupos para a sua melhor compreensão e uso: as cartas numéricas do 1 ao 10 e as cartas da Corte que incluem Rei, Rainha, Cavaleiro e Valete.

Desta forma, as cartas numéricas falam sobre uma determinada situação e cada número representa a forma como o naipe a expressa ou como uma situação da vida cotidiana é afetada por ele. Tendo isso em mente, podemos dizer em um exemplo aleatório que o número três, associado simbolicamente à preparação, expressa a ideia de preparar-se para ação e, de acordo com seu naipe, representar suas diferentes manifestações.

As cartas da Corte nos falam dos diferentes tipos de personalidades, aspectos físicos, etc.

A lista que segue abaixo mostra os naipes utilizados e suas correspondências em relação aos elementos:

NAIPES	ELEMENTO
Espadas	Ar
Bastos	Fogo
Copas	Água
Ouros	Terra

Cada naipe está ligado a um elemento e é isto que determina sua influência e significado durante uma interpretação. Resumidamente poderíamos dizer que representam:

• ESPADAS: conflitos e disputas. Plano Mental.

• BASTOS: trabalho e atividades sociais. Plano Espiritual.

• COPAS: amor e emoções. Plano Emocional.

• OUROS: riquezas e abundância. Plano Material.

Durante uma interpretação de Tarô é a quantidade de cartas de um mesmo naipe que mostrará os aspectos predominantes da leitura. Assim, muitas cartas de OUROS, representam uma grande quantidade de dinheiro e riquezas. Muitas de ESPADAS, indicam excesso de problemas, disputas e obstáculos. Diversos arcanos de BASTOS, equivalem a muito trabalho ou atividades sociais. Várias cartas de COPAS, expressam plenitude no amor ou predominância das emoções.

Conheça a seguir mais detalhadamente o significado de cada naipe.

ESPADAS

O naipe de Espadas representa ação, poder e força. Muitas vezes indicam o medo, a ansiedade e o elemento Ar. Estas cartas correspondem a uma perda irreparável, acidentes ou tragédias. Refletem ações equivocadas, decepções provindas de outros ou de nós mesmos. Apontam que há muito medo e estresse rondando. Também podem indicar cirurgia e doenças.

Espadas nos mostra onde o nosso coração sente, as nossas mágoas e rancores passados. Evidencia também a inveja.

Representam pessoas articuladas e inteligentes. Geralmente apontam aqueles que comandam com certo ar dignificante, arrogante e insensível.

Este naipe simboliza nossas faculdades intelectuais e racionais, os aspectos mentais e comunicativos de nossas vidas. As características positivas associadas com este naipe incluem força, autoridade, coragem, ambição, desejos e oportunidade para viajar. Acima de tudo, revelam uma ânsia pela verdade que é o que realmente dá origem ao aspecto de conflito deste naipe. Conotações negativas incluem conflito, animosidade, dor, raiva e agressão.

A predominância de Espadas indica doenças e fatalidade. Isto ocorre porque ela representa os elementos intangíveis da mente. A predominância desta carta deve ser interpretada com cautela. Hoje nossas visões são variadas e multifacetadas, além de estarmos usando frequentemente nossas mentes. Exatamente por este motivo, vários arcanos deste naipe nem sempre se referem a problemas. Eles podem representar simplesmente uma notável confusão ou preocupação mental em vez de conflitos. Espadas nos dá uma reflexão precisa do que está entrando em nossas mentes em relação às perguntas ou assuntos que são investigados durante uma leitura. Claro que eles podem sinalizar uma advertência de alguma fatalidade iminente, mas é importante avaliar minuciosamente os arcanos para chegar a esta conclusão.

Considerando que o naipe de Espadas está associado com a mente e a verdade, ele pode ser dúbio. A verdade nem sempre é fácil de ser encontrada e muitas vezes pode ser uma faca de dois gumes, afiada e penetrante. Por isso, esses arcanos podem representar a comunicação equivocada, problemas com a justiça, uma necessidade de cirurgia ou cuidado médico imediato, luta ou conflito interno e externo. As cartas de Espadas também podem indicar o lado negativo das pessoas retratando a tendência para ser arrogante, indiferente, crítico, insensível, intolerante, distante, controlador e acusador.

Como o Ar representa as nossas mentes e todas as faculdades inerentes a ela, isto inclui nosso pensamento racional, habilidade para aprender e se lembrar, nossa consciência e percepções. O naipe de Espadas aponta nossas habilidades para considerar, contrastar e comparar, pesar a evidência e tomar uma decisão. Ele denota perspicácia e consciência, habilidade para indagar, analisar, sintetizar e investigar. Também retrata arranjos legais como contratos, aluguéis, acordos, documentos de compra etc. Igualmente, pode simbolizar os sistemas legais, políticos e judiciais: tribunais, todos os níveis da lei e o governo.

BASTOS

O naipe de Bastos representa atividades, ideias, trabalho, tudo relacionado ao meio social e ao elemento Fogo. Ele é responsável pela expansão da energia e ações tomadas, nos motiva a criar e seguir adiante. Muitas vezes ele está ligado à sexualidade e às relações sexuais. Motiva a ambicão e a lealdade, nos torna criativos, e nos confere habilidade natural para organização. Também nos dá conforto e uma personalidade atrativa.

Quando existem muitos arcanos de Bastos em uma tiragem, isso indica muita atividade e cartas específicas irão nos ajudar a identificar se nossos esforços e iniciativas serão alcançados. Quando existe falta deles, é um aviso de que a pessoa não está colocando a energia necessária para realização da situação.

Este naipe revela paixões e desejos, força dinâmica, ambições, criatividade, vitalidade, autodesenvolvimento, crescimento, e percepção. Bastos representa a energia ativa e inventiva. Qualquer um de seus arcanos introduzem possibilidades, movimento e energias em ação. Obviamente, cada carta expressa diferentes aspectos positivos ou negativos que podem ser intensificados em decorrência dos arcanos próximos a elas. O lado negativo associado a Bastos é sua natureza ardente: inquietude, raiva, violência, orgulho, dano, rompimento. O lado positivo deste naipe está ligado ao poder de realizar e transformar.

Bastos é geralmente associado com carreiras, empreendimentos empresariais e trabalho. Se durante uma leitura, várias cartas deste naipe aparecerem, isso aponta à carreira ou assuntos relacionados ao trabalho, enfocando seus aspectos de organização e criação. Para qualquer pessoa que deseja começar um novo empreendimento ou lançar uma carreira, este naipe é extremamente informativo e pode dar orientações claras e objetivas sobre o tema. Frequentemente Bastos também indica início do planejamento de um novo direcionamento para a vida de uma pessoa, enfocando o autodesenvolvimento e a realização.

COPAS

O naipe de Copas representa o coração, o amor e alegrias. Em resumo está relacionado às emoções. Ele expressa nossos desejos, onde encontramos beleza e felicidade emocional.

Indica novos inícios, fertilidade, abundância em todas as coisas. Também nos mostra nossas tristezas, mágoas, desapontamentos e decepções.

Este naipe nos revela sobre o coração e os sentimentos que guardamos dentro dele.

Quando existem muitos arcanos de Copas em uma tiragem isto significa que a pessoa em questão está profundamente ligada emocionalmente e esperando decifrar seus sentimentos.

Naipe que representa pessoas que amam com todo o seu coração e são extremamente sensíveis. Celebra a profundidade, a memória, o registro de nossa existência. Também reflete expressão artística e artes de um modo geral.

Simboliza as emoções, artes psíquicas e intuitivas, fantasia e ilusão, fertilidade, emoções, espiritualidade, dons e serenidade. Seus arcanos também estimulam a habilidade para visualizar e praticar clarividência!

Em seu aspecto negativo, os arcanos de Copas podem indicar tendência para mau humor, apetites excessivos e suscetibilidade para hábitos e todas as emoções que nos deprimem como autopiedade, tristeza, melancolia, raiva, ciúme, inveja e insensibilidade. Eles também podem alertar para alguém ou algo que vampirize nossa energia.

OUROS

O naipe de Ouros representa os ganhos materiais, a riqueza da vida e o elemento Terra.

Traz o ganho justo, heranças, realeza, prosperidade, abundância e sucesso material.

Indica pessoas dependentes e confiáveis, com coração generoso e que alcançam o sucesso através de muito trabalho. Este naipe também pode revelar pessoas obcecadas e compulsivas.

Grande quantidade deste naipe numa leitura aponta para muito dinheiro e realização. Poucas cartas de Ouros adverte para falta de prosperidade e restrições materiais.

Este naipe representa os aspectos materiais de nossas vidas, finanças e posses, realizações, manifestações, negócio, comércio, terra, casa, nosso nível de abundância. Expressa nossos corpos, nível de vitalidade, conexão com a Terra e a Natureza, e nossa hereditariedade genética. Características positivas associadas com este naipe incluem status na sociedade, valores pessoais e senso interno de autovalor. Ouros fala de sentimentos de segurança, habilidade para relaxar e não se irritar ou preocupar – criar, desfrutar a beleza e vivacidade da vida. Eles também representam força, talento, recompensas de esforço e meio social e familiar. Conotações negativas incluem perda material, baixo amor-próprio, pessimismo, materialismo, teimosia, inflexibilidade, e as preocupações práticas que nos atormentam.

A predominância de Ouros sinaliza o foco das manifestações da vida – como você se manifesta através das intenções, planejamentos e ação para transformar sonhos em realidade. Ela fala de sua capacidade em aplicar seus talentos, conhecimento e habilidades físicas, e a construção de seu próprio império pessoal. O naipe de Ouros remete à abundância em diferentes níveis. Não só na sua conta bancária, mas também no seu estado socioeconômico, a casa que você poderá obter, seu estilo de vida, o ambiente de trabalho que você desfruta. Eles medem sua ascensão pela escada da vida.

Quando o naipe de Ouros aparece em uma leitura ele aponta para a sutil e poderosa energia que nos ajuda a obter sucesso material. Dependendo do arcano, ele sugere modos e caminhos para uma vida próspera e pode indicar como podemos aplicar nosso poder pessoal para alcançarmos todos os nossos objetivos.

SIGNIFICADO DAS CARTAS NUMÉRICAS

Enquanto os arcanos maiores falam de conceitos universais por meio de uma abordagem ampla, os arcanos menores os detalham abrangendo nossos sentimentos, pensamentos e ações, além de abordar os eventos do nosso cotidiano que podem contribuir ou prejudicar o caminho da realização e totalidade. Podem ser considerados como os fatos que nos movem para perto ou longe desse processo. Também simbolizam as pessoas e figuras importantes que eventualmente darão sua dose de contribuição em ambas as direções, para a evolução ou retrocesso, para o bem ou para o mal.

Usar o Tarô sem os arcanos menores torna a leitura empobrecida e muitas vezes distorcida. Como a vida não é marcada por momentos memoráveis em uma base regular, esses arcanos se tornam grandes aliados para trazer à tona as pequenas nuances que refletem os acontecimentos corriqueiros ou formam padrões significativos, tornando a leitura muito mais ampla.

Dando um exemplo bem simples: se durante uma leitura você saca a carta do Sol ela pode indicar um leque amplo de possibilidades como sucesso, realização ou prosperidade, por exemplo. Os arcanos menores próximos à carta do Sol, vão lhe dizer exatamente de que maneira e em que área da vida isso se manifestará: nas pequenas lutas e desafios do dia a dia (Espadas), no trabalho ou atividades sociais (Bastos), no amor (Copas), no campo material e financeiro (Ouros). Dessa maneira, podemos perceber o quanto a leitura pode ser aprofundada ao usarmos essa divisão dos arcanos.

As cartas numéricas expressam uma sequência prefixada de significados e campo de ação de cada naipe e vão desde o começo, ou criação de algo que se inicia com o Ás, até a manifestação e conclusão de uma situação expressada pelo 10. Assim poderíamos dizer que o Ás de Bastos expressa o início de um novo empreendimento ou atividade social enquanto o 10 do mesmo naipe, representa a sua conclusão que poderá ser positiva ou negativa, dependendo da predominância de arcanos considerados positivos ou negativos:

- Ás: força criadora, começo, potencial do naipe.
- Dois: harmonia, cooperação, interação.
- Três: preparação, crescimento, germinação, construção e entusiasmo.
- Quatro: materialização de algo, estabilização e a fundação sólida.
- Cinco: conflitos, destruição dos antigos moldes, perdas.
- Seis: restabelecimento do que foi perdido, verdade, reconhecimento dos esforços.
- Sete: obstáculos, dificuldades, impulsos.
- Oito: sucesso, concretização, poder espiritual.
- Nove: o ponto mais alto do naipe, regeneração a breve conclusão ou término de algo que virá com o Dez.
- Dez: representa que o naipe foi realizado, conclusão, manifestação final positiva ou negativa de algo.

As indicações dadas acima possibilitam interpretação rápida e intuitiva das cartas numéricas dos arcanos menores durante uma consulta ao Tarô. Se utilizar as informações como peças de um quebra-cabeça, brevemente você terá memorizado o significado de cada arcano facilmente e poderá fazer suas leituras com extrema facilidade e fluidez.

A seguir, você poderá encontrar um significado mais aprofundado e minucioso de cada carta numérica para ampliar ainda mais seu conhecimento sobre elas.

O ÁS

O Ás representa a origem de uma situação. Cada um deles corresponde a um elemento.

A partir do Ás surge a análise dos arcanos menores. Sendo o número UM, ele expressa o princípio, a unidade, a faísca inicial, a origem de uma situação.

O número UM é o que inicia a série numérica. É portanto, símbolo que reflete o início, ação, impulso, liderança, autoritarismo, originalidade, teimosia.

Está associado com o criativo no sentido daquilo que se manifesta com absoluta liberdade, e ao fazê-lo, condiciona a totalidade do processo futuro, endereça a realidade.

Divide o Tempo em um "antes" e um "depois".

É símbolo de UNIDADE, número simples e poderoso. Forte e ao mesmo tempo limitado, de atividade incessante e fervente desejo de chegar aos seus objetivos sem ser perturbado, o que lhe faz afirmativo, assertivo e às vezes intolerante, imprudente e irritável.

ÁS DE ESPADAS - ILUMINAÇÃO

Representa os poderes da inteligência e o início de processos criativos favoráveis. Este arcano abre caminho para novas ideias e projetos, indicando triunfo da inteligência sobre a ignorância. É a carta da Iluminação divina, da revelação da verdade, da vitória perante os inimigos.

- Significado Divinatório: triunfo, novos inícios, superação de obstáculos e inimigos, mudança de estilo de vida ou modo de pensar.

ÁS DE BASTOS - PODER

Este arcano representa o poder, progresso, negócios bem-sucedidos. Está ligado ao princípio do fogo e por isso indica paixões e superação positiva de obstáculos. Aponta para novos inícios e oportunidades positivas de trabalho. Pode indicar um novo emprego e a concretização de todos os objetivos.

- Significado Divinatório: inovação, novidades, novos projetos e trabalhos, inspiração, fertilidade, virilidade.

Ás de Copas - Amor

Este arcano encarna o poder do amor em seu aspecto mais profundo e sublime.

Ele representa o começo de um amor, normalmente uma relação promissora. No entanto, pode indicar um sentimento extremamente individualizado e altruísta. Embora isto se manifeste interna ou externamente, esta carta nos fala do amor em suas muitas formas: emoção, romance, receptividade, doação, nutrição. É a representação da abundância emocional.

• Significado Divinatório: o começo de uma nova relação, fertilidade, amor, casamento, abundância, fertilização, gravidez.

Ás de Ouros - Realização

Este arcano está ligado ao mundo material e físico. Indica realização e manifestação dos interesses materiais em amplos sentidos. Quando aponta alguma preocupação, mostra algo de natureza prática e mundana. O Ás de Ouros anuncia um novo sucesso financeiro e oportunidades ilimitadas na vida. O sucesso será marcado pela capacidade de integrar o mundo interior e espiritual com o mundo que nos cerca.

• Significado Divinatório: mudança financeira para melhor, início de um período financeiro favorável, entrada de dinheiro inesperada, viagens que trarão lucros financeiros.

O DOIS

Dois é o número do equilíbrio e da dualidade. Os opostos se relacionam e se equiparam para manter estabilidade. Os arcanos menores de número Dois mostram de que maneira se equilibram os diferentes aspectos da vida.

Número da polaridade; se relaciona com a Lua, a água, a receptividade da energia feminina. Sensibilidade, receptividade, instabilidade, passividade, intuição e cuidado ou autoproteção são atributos deste número.

É sensível, débil, dependente, intuitivo e necessita dos outros. Símbolo da dualidade, da diplomacia, representa o equilíbrio instável e se manifesta em constante flutuação e mudanças. É o número da antítese, o que lhe faz entrar em confrontações apesar de procurar a concórdia; representativo das oposições e da divisão. De natureza variável e regular como a Lua, aponta para as diversas relações da polaridade, possui prudência e adaptabilidade.

DOIS DE ESPADAS - EQUILÍBRIO

Este arcano representa a paz interior profunda. Agora a mente, o corpo, o espírito e o coração estão em harmonia, indicando que é hora de tomar decisões e arriscar, levando sempre em consideração a intuição. Esta carta revela que é necessário manter a mente aberta para novas ideias e mesmo que conflitos surjam, é necessário seguir rumo à realização dos objetivos mais elevados. No entanto, o período de negatividade é mais ilusório do que real.

• Significado Divinatório: trégua, restauração da paz, prazer, harmonia interior.

DOIS DE BASTOS - ESCOLHAS

Este arcano está ligado à energia da ação, trabalho e conquistas. Ele pode representar o poder da construção e destruição, pois está diretamente ligado à combatividade que pode trazer tanto uma coisa quanto outra. Carta que mostra conflitos envolvendo forças opostas. Exatamente por este motivo, indica a chegada do momento da escolha e decisão entre duas oportunidades. Sugere indecisão em amplos sentidos.

• Significado Divinatório: indecisão, momento de escolher, poder e energia necessária para ultrapassar obstáculos, parcerias, alianças.

Dois de Copas - Aliança

Este arcano indica a disposição para um grande amor ou afeto. Carta que está diretamente ligada a casamentos, alianças, parcerias, sociedades, e o verdadeiro comprometimento entre as duas partes ligadas entre si.

Reflete a habilidade para dar e receber amor, especialmente pessoal. Promete felicidade e harmonia em todos os tipos de parceria.

- Significado Divinatório: atração entre duas pessoas, começo de uma nova relação, amizade, parceria, sociedade, romance.

Dois de Ouros - Mudanças

Arcano que expressa mudanças que trarão resultados benéficos, aumentando a alegria e a beleza da vida, trazendo estabilidade e segurança em amplos sentidos.

A mudança é o principal tema do Dois de Ouros, indicando que elas poderão se apresentar até mesmo como desafios. É necessário confiar em sua voz interior e determinação para alcançar os objetivos.

- Significado Divinatório: oscilações diversas que tornarão difícil a realização de algum projeto, necessidade de cuidado e atenção na vida financeira, dois projetos separados que precisam ser equilibrados.

O TRÊS

Diz-se que o TRÊS é o número da divindade, da alegria e da expansão. Sua natureza significa êxito. Os arcanos de número TRÊS são considerados criativos e em todas as religiões existe uma trindade.

É o número da triplicidade, síntese e resultados. É a articulação entre os polos, que une e conecta.

Relaciona-se com resultados e ideias, é símbolo da filosofia, da aprendizagem e expansão. É o número da expressão por excelência, aquele que busca ir além do conhecido e ao encontro da verdade.

A comunicação, a socialização e a criatividade lhe são afins. Ele ensina a alcançar a conciliação e a concórdia. É a identidade, por isso leva a descobrir a própria identidade por duas vias: ser e fazer!

Expressa a real capacidade em assuntos sociais e comerciais, sabe procurar e aproveitar as oportunidades. Traz amor à popularidade, inclinação à política e/ou o social em geral, proporcionando expansão, crescimento constante e busca de transcendência com espírito jovial e otimista.

Três de Espadas - Tristeza

Este é um arcano de restrições, indicando conflitos na convivência. Carta que simboliza isolamento, tristeza e desapontamento. É necessário agir com pulso firme para neutralizar a negatividade e dissipar a tensão, brigas e discussões. Assinala perdas, conflitos familiares e discordância.

• Significado Divinatório: conflitos, tristeza, separação, perda, disputas, discordância.

Três de Bastos - Criação

Este arcano concentra em si energia mental e poder pessoal para criar, inovar, transformar. Indica potencial para realizar todos os objetivos e a integração da mente, corpo e espírito em busca da harmonia e equilíbrio interno e externo. Esta é a carta da força criativa que coloca as energias em movimento para a expressão criativa.

• Significado Divinatório: oportunidades, sucesso, energia criativa, sorte, poder pessoal, reforma, construção.

Três de Copas - Prazer

Este é o arcano da abundância e expansão. Indica que pode haver certa timidez para admitir a profundidade das emoções que são sentidas, porém é a carta que mostra fortes laços de família.

A essência desta carta é o reconhecimento de um amor especial, não só com outra pessoa, mas também dentro de si mesmo. Enfatiza comunicação aberta e honesta como modo para atrair as pessoas ideais. Este é o arcano do amor recebido, percebido e apreciado. Celebra os prazeres sociais, o encontro da alegria e da beleza da vida.

- Significado Divinatório: amor, alegria, prazer, felicidade, harmonia, abundância, realizações, cooperação, celebração, festas.

Três de Ouros - Oportunidades

Este arcano traz a conclusão próspera de qualquer situação em que é necessária responsabilidade, enfatizando o sentido de comprometimento que trará progressos em longo prazo, mas constantes.

Traz transformações graduais e autoconfiança, além da necessidade de usar todas as habilidades e talentos para alcançar os objetivos. Aponta à necessidade de usar todas as habilidades disponíveis e talentos em qualquer situação encontrada. Indica que a força de vontade e determinação assegurarão sucesso sobre qualquer obstáculo.

- Significado Divinatório: oportunidades profissionais, esforços e trabalhos bem-sucedidos, aumento da riqueza, possibilidades de ganhos financeiros.

O QUATRO

Representa tudo que abarca o mundo material, o reino do estável e sólido, mas também a rigidez e a severidade. Este número põe as regras, mas quando se manifesta de maneira negativa, implica rigidez, severidade e crueldade.

Aqui consolidamos o quaternário. Os quatro elementos. As quatro estações. Símbolo do fundamento, da base. A cruz e o quadrado. Representação máxima de tensão.

É o número da forma, da estabilidade, da solidez. A família, o lar, a terra e a base sobre o que se edifica. Corresponde ao sustento, a firmeza, o equilíbrio das forças,

102 | O Novo Tarô de Marselha

atividade constante, a perseverança, persistência no esforço, regularidade, método, ordem e retidão. É o pai terrestre, como o Imperador, o que sustenta, preserva e constrói. O concreto e o útil.

Contém forças acumuladas e condensadas em um definido campo de ação. Vibração que se adapta ao trabalho regular e contínuo, sendo capaz de grandes esforços para a execução de seus projetos.

Quatro de Espadas - Serenidade

Este arcano assinala um período de justiça e equilíbrio, favorecido pela imaginação inteligente e capacidade de encontrar saídas alternativas para os problemas.

Carta que traz o fim dos conflitos e disputas, trazendo serenidade, paz e defesa contra ataques. É o momento ideal para refletir e encontrar o poder pessoal através da meditação, introspecção e isolamento.

• Significado Divinatório: recuperação, descanso, restauração, busca de respostas no silêncio, momento de meditar.

Quatro de Bastos - Celebração

Este arcano nos fala de oportunidades em potencial e a celebração daquilo que já foi conquistado, trazendo assim, a conclusão do passado e o desenvolvimento de um novo futuro. A essência de Bastos é a conclusão, um ciclo que chega ao seu final com glórias, louvores e frutos.

• Significado Divinatório: realização final, conclusão bem-sucedida, celebração, festas, romances, harmonia, prazer, prosperidade.

Quatro de Copas - Nostalgia

Este arcano está diretamente ligado ao mundo emocional em sua profundidade e intensidade. Carta que dá predisposição para a inconstância, mau humor e uma forte tendência de não se desprender do passado. Pode mostrar uma relação kármica e um término harmonioso numa relação. Porém, também há o perigo de se perder nas emoções e se ligar demasiadamente ao passado, não evoluindo integralmente.

• Significado Divinatório: emoções confusas, nostalgia, necessidade de se desprender do passado, inércia.

Quatro de Ouros - Ambição

Este arcano representa autoridade e a manifestação atual das ideias, indicando rigidez de pensamento e de causa. Está diretamente ligado à matéria e materialidade, assim, é a forte manifestação destas qualidades, pelo seu lado positivo ou negativo.

O Quatro de Ouros simboliza a necessidade de conhecer sua força interior, para equilibrar o material e o espiritual, pois caso contrário, a avareza e a ambição poderão se manifestar como um dos pontos negativos deste arcano. Esta carta expressa a consciência e a convicção do Eu interior. Indica também a necessidade de status e de se sentir seguro financeiramente.

• Significado Divinatório: estabilidade material, elevação de salário, aumento de poder e riqueza, a ambição em suas muitas facetas, fundamentação estável de algo em um projeto.

O CINCO

Os arcanos menores de número Cinco simbolizam o ser humano dominado pelos quatro elementos. É um número de poder e que lutará para conseguir esse poder, em contrapartida, compreende perfeitamente a todos, ama liberdade, individualidade e independência.

Ele expressa a quintessência da vida. Na numerologia o Cinco se associa com atividade, liberdade, mudança e aventura. Permite ao homem discriminar e discernir, retificar os enganos e eliminar os prejuízos e condicionamentos que lhe impedem a "visão".

É a expressão da inteligência humana, o coração, o número do meio que une os outros no centro. O CINCO é o número que nos empurra a sair. Enquanto os anteriores nos conformam como unidade humana, este nos move à ação como meio para evoluir. Por isso é dinâmico, indica movimento e, portanto, conflito.

É o número da mutabilidade e instabilidade, porque o ser ao incorporar-se ao mundo exterior está sujeito aos vaivéns e mutações contínuas. Mas também expressa adaptabilidade. Por outro lado, sua figura cresce continuamente em duas direções, dentro e fora até o infinito reproduzindo-se a si mesmo. Assim, cada experiência, cada ação traz uma lição.

É número de expansão e, portanto, também de incertezas, de vibração rápida e vivaz. Ele separa e reúne, pode nos levar da máxima alegria ao mais profundo pesar e vice-versa. Como se adapta aos números que lhe formam e rodeiam, suas características não podem definir-se com precisão.

CINCO DE ESPADAS - DERROTA

Este arcano assinala uma visão deturpada da realidade que poderá trazer infortúnios e derrota para os planos futuros.

Esta carta indica que o medo e a ansiedade afetarão todos os aspectos da vida, trazendo a perda de controle sobre si mesmo ou sobre uma determinada situação. Aponta o sucesso dos inimigos, perda de posses e fracasso.

• Significado Divinatório: derrota, fracasso, desgraças, perdas, negatividade em seu amplo sentido.

CINCO DE BASTOS - OBSTRUÇÃO

Representa o bloqueio do poder e energia de realização, trazendo estagnação. Esta carta indica anseios que nunca cessam e que se tornam motivos de tristeza e frustração. O Cinco de Bastos simboliza energia bloqueada devido às restrições ou fardos opressivos de nossas vidas. Há uma possibilidade perigosa de se render, de resignar a si mesmo às limitações. Evidencia a inabilidade para tomar decisões, falta de autoconfiança no próprio poder criativo. Exatamente por isso este é o momento da ação, de remover os obstáculos que impedem o progresso.

• Significado Divinatório: problemas, testes, oposições, trabalho duro para chegar às realizações, energias contrárias ao seu desejo.

CINCO DE COPAS - DECEPÇÃO

Este é um arcano negativo, traz a tristeza e degeneração de uma relação.

Indica fragilidade de relações e emoções, e de amor por si próprio. A decepção está no amor perdido, nas promessas quebradas, na traição. Os sentimentos são intensos, e frequentemente se tornam raiva e tristeza. Isto pode conduzir ao excesso em todas as formas. Porém, é importante lembrar que todas as decepções trazem ensinamentos valiosos.

• Significado Divinatório: medo, desapontamento, decepção, perda, mágoa, tristeza, rancor, frustração, vulnerabilidade.

Cinco de Ouros - Privações

Este arcano expressa os conflitos financeiros, a dificuldade de comunicação que conduz a um mundo que pode induzir à preocupação, ao medo, à desconfiança, e à frustração. Geralmente, tais problemas estarão ligados ao redor de nossa vida material por causa da natureza do naipe.

O Cinco de Ouros representa as preocupações, finanças ruins, restrições e privações financeiras.

• Significado Divinatório: perda de dinheiro ou situação financeira negativa, luta pelo poder, dificuldades monetárias, pobreza, solidão. Porém, os obstáculos serão superados em breve.

O SEIS

O Seis tem um simbolismo de harmonia, equilíbrio, o amor à família e ao serviço a outros. Eles expressam atitudes práticas e realizam seus encargos com responsabilidade.

Suas palavras-chaves são responsabilidade, amparo, nutrição, maternidade, comunidade, equilíbrio, simpatia.

É o número da união dos opostos, do equilíbrio, da síntese, da justiça, do matrimônio, do sexo, porque é a sexualidade cósmica, a união do Céu e da Terra, que dá origem à vida toda. Traz o equilíbrio das partes. Também representa a estética, porque ela depende da proporção das formas e das partes, a beleza como símbolo de perfeição e equilíbrio, a bondade e a fidelidade.

É harmônico e agradável, de grande sensibilidade e capacidade de gozo. Número da alma segundo os pitagóricos, porque é o ponto onde se reúnem corpo e espírito.

O Seis é o número mágico da união, da saúde e do equilíbrio, simboliza a união em si mesmo, de todo tipo, a partir da decisão pessoal. É em definitiva a eleição do caminho. De um lado a virtude, do outro a tentação e, no meio, o ser tendo que fazer sua eleição!

É possivelmente o número mais feliz, aquele que expressa alegria e amor, dono de uma vibração honesta, digna de confiança, expressa amabilidade e bondade, verdade e tolerância, paz e altruísmo.

Seis de Espadas - Superação

Este arcano confere a habilidade para analisar acuradamente as situações e chegar a um processo de equilíbrio. Carta que está ligada ao pensamento científico e analítico e à capacidade de observar uma situação, sob diferentes pontos de vista. Traz a superação dos problemas e conflitos internos e externos.

Significado Divinatório: longas jornadas, superação de obstáculos e problemas, uso da inteligência para alcançar os objetivos.

Seis de Bastos - Vitória

Este arcano indica sorte e expansão, assegurando que o tempo da opressão acabou e é o momento de alcançar as metas do trabalho árduo.

Carta que mostra força, poder e energia de renascimento. Uma quebra de paradigmas ocorreu, e agora os objetivos podem ser atingidos com muito mais facilidade.

110 | O Novo Tarô de Marselha

Revela criatividade renovada e consciência plena dos sentimentos internos e externos. Traz sorte e realização em todos os sentidos, assegurando glória e vitória.

• Significado Divinatório: triunfo, vitória, sucesso, superação de obstáculos, boas notícias, fama.

SEIS DE COPAS - RENOVAÇÃO

Este arcano traz energia. Indica que é o momento de se alegrar, de abrir a mente e o coração. É a carta que anuncia a renovação do amor, reconquista, purificação e renascimento. É necessário manter a mente tranquila e em equilíbrio para tomar a decisão mais correta e sábia. Os medos e obstáculos serão ultrapassados com soluções criativas. O amor está protegido e assegurado.

• Significado Divinatório: prazer, renovação, reconquista, sucesso, harmonia na relação, segurança emocional, cooperação.

SEIS DE OUROS - COMPARTILHAR

Este arcano nos traz a iluminação e a descoberta de nosso poder pessoal, trazendo transformações bem-sucedidas. Sugere um período de harmonia geral, que trará totalidade e unidade.

Indica sucesso, realização e a possibilidade de as ideias e pensamentos se manifestarem no mundo físico.

• Significado Divinatório: caridade, presentes, entrada de dinheiro inesperada, sorte, bons contatos que trarão realização.

O SETE

Os arcanos de número SETE, têm no Tarô um simbolismo e significado muito especial, pois é um número que inclina ao oculto, ao estudo e a meditação, sendo especial para muitas culturas e que se associa com atividade, liberdade ou mudanças.

Tem um caráter singular, já que se relaciona com o ciclo lunar, que se cumpre em quatro ciclos de sete dias cada, e com as sete notas musicais, as sete cores do espectro, e tudo aquilo em que avançamos na cadeia da evolução e podemos falar do ser humano com todo seu poder criativo, vontade e autonomia. É por isso que os arcanos menores de número Sete se associam com atividade, liberdade, mudança e aventura.

Número do ciclo completo, daquilo que alcançou a perfeição ou equilíbrio das partes. Mágico, misterioso e sagrado, simboliza a transcendência do medíocre ou primário. É profundo, estranho, indefinível, plástico e totalmente diferente dos outros números. Metafísico e subjetivo; é a lua oculta e secreta. Número da sabedoria superior ou da maior confusão. O poder adquirido sobre os dois mundos. A inteligência superior ou intuitiva.

O Sete rompe o equilíbrio do Seis, e portanto, inicia um novo movimento. Conversível, contém em si a sabedoria do bem e do mal. Assim, é um número feliz para uns e infeliz para outros. Suas qualidades são difíceis de serem apreciadas e compreendidas. Expressa o conhecimento das coisas misteriosas, da natureza intuitiva e inspirada. Traz grande sensibilidade, poderosas qualidades psíquicas e imaginação desenvolvida.

Sete de Espadas - Oposições

Este arcano indica a frustração, e desencoraja a busca temporária pela realização dos sonhos e objetivos. Os pensamentos e ações são inconsistentes e passam por um momento de fragilidade e debilidade. Assinala um momento no qual podemos ser nosso maior inimigo. A inabilidade para comunicar os sentimentos e medos, podem levar à total abnegação.

• Significado Divinatório: oposições, inimigos internos e externos, momento de agir com cautela, instabilidade, mudança de casa ou trabalho.

Sete de Bastos - Desafio

Este é o arcano do impacto na vida, das situações negativas que ocorrem para nos despertar e mostrar o verdadeiro caminho a seguir.

Esta carta mostra que é momento de dar tudo de si e ousar, independentemente dos desafios e do que os outros digam. Deve haver confiança no poder interior. É hora de superar os obstáculos e ter tática para lidar com situações delicadas. As pessoas desafiarão sua capacidade em planos relativos ao futuro, carreira, família, etc.

• Significado Divinatório: obstáculos, desafios, fortes oposições, perdas, danos, coragem.

Sete de Copas - Ilusão

Este é o arcano da ilusão, do exagero das emoções e paixões. Revela uma pessoa que frequentemente é levada ao extremo, e como consequência disso, alcançará a decepção, ciúme ou perda de sua reputação.

Indica alguém cuja vida está arraigada no material, mundo físico, tentando satisfazer somente suas sensações físicas. Porém, quando não há nenhum tempo nem energia parte à procura de novos horizontes. Representa a decepção, a união do desejo a uma rica imaginação e sonhos impossíveis.

• Significado Divinatório: hedonismo, ilusão, falsidade, egoísmo, deboche, luxúria, escolhas, individualismo.

Sete de Ouros - Fracasso

Aponta para obstáculos inesperados com os quais iremos nos confrontar. Muitas vezes os obstáculos parecerão ser intransponíveis, mas com fé e esperança, poderão ser superados. Esta carta também revela medo e hesitação em realizar algo.

• Significado Divinatório: fracasso, medo, perda de interesse, inércia, perda de oportunidades, desmotivação.

O OITO

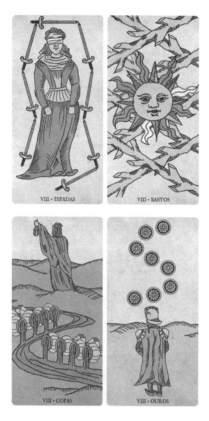

O Oito nos conecta com o espírito, mas ao mesmo tempo é um número muito terrestre e material.

Ele se associa com equidade, justiça e equilíbrio. Representa a ação do cosmos em seu contínuo fluxo e vazante e a projeção dele sobre os seres. Anuncia êxitos que poderão ser obtidos ao atuarmos em harmonia. Alude ao Karma, vinculado à lei de causa e efeito, já que é um circuito de retorno, como o bumerangue que traz as consequências de nossos atos do passado. Assinala êxitos se formos constantes, disciplinados e escolhermos boas sementes.

É o número da consumação, da realização, da obra do homem alcançada no plano da terra. Simboliza o tempo, a velhice, a duração, a medida e as distâncias. Símbolo da morte e da decadência. Para os gregos, representava a justiça, o dobro do quadrado, o destino irrevogável. É a lei divina, a diferença da justiça humana retratada no Seis, a igualdade. União do espírito com a matéria. Expressão do homem superior.

Em seu aspecto elevado, é número de poder, solidez e progresso material, de qualidades fixas, ainda que lhe falte o brilho e as caracteristicas imaginativas de outros números. Sua grande força está na persistência, na capacidade de análise e compreensão, no seu sentido comum e prático, na ambição sem medida. Possui capacidade para grandes realizações por meio de um esforço contínuo, persistente e determinado. Expressa vibração lenta e forte.

Oito de Espadas - Frustração

Este arcano denota grande dificuldade em fazer escolhas. Muitas oportunidades de mudança são desejadas, porém dificilmente se tornarão realidade. Os sucessivos problemas poderão acarretar medo, confusão, frustração e o receio de fazer a escolha errada. Esta carta indica interferência negativa de pessoas ou situações.

• Significado Divinatório: restrição, crise, indecisão, isolamento, inveja, dificuldades.

Oito de Bastos - Organização

Arcano que traz a tendência de agir por impulso, de forma que a liberdade esteja sempre em primeiro plano.

Carta que expressa a comunicação aberta e direta. Qualquer hesitação deverá ser superada, pois agora é a hora de atingir metas e objetivos. Indica o momento de

116 | O Novo Tarô de Marselha

observar onde se está e quais serão as atitudes a serem tomadas para chegar à conclusão positiva dos desejos. Se você estiver aberto e centrado, os equívocos serão esclarecidos. É o momento de ver as coisas através de diferentes perspectivas e romper com tudo que é limitante.

• Significado Divinatório: romper barreiras, definir estratégias, escolhas positivas, chegada de notícias, momento de agir cautelosamente.

Oito de Copas - Estagnação

Este arcano oferece perdas, obstáculos, demoras, possíveis decepções e mentiras. Também provoca inércia, falta de vontade e de motivação.

Carta que fala da estagnação emocional, a pena de si mesmo. O indivíduo perde toda sua motivação. É chegada a hora de desenvolver o equilíbrio e buscar pela força interior. Também pode representar o medo psicológico do amor ou de expressá-lo. Indica uma pessoa que sai de uma situação opressiva por medo de lutar.

• Significado Divinatório: impasse, estagnação, medo, rejeição, perdas, volta ao passado, melancolia.

Oito de Ouros - Aprendizado

Arcano que indica a necessidade de agir com sabedoria e cautela. Traz harmonia, equilíbrio e intuição. Esta é uma carta de desenvolvimento gradual, simbolizando a transformação dentro e fora de nós, através das lições da vida.

Carta que traz a satisfação em trabalhar, a construção e o planejamento de um futuro melhor.

• Significado Divinatório: prudência, habilidade para trabalhos manuais, pequenos e rápido ganhos de dinheiro, diplomacia, novos conhecimentos, expansão de entendimento.

O NOVE

Os arcanos menores de número NOVE representam em muitas culturas a carta mestre, já que indica o começo de outro ciclo. O NOVE é sempre associado ao alto simbolismo espiritual.

Símbolo da perfeição, da sabedoria, de grandes obras e equilíbrio dos três planos. É a atividade universal, a energia e a força que anima o mundo. Considerado por muitos como o número da humanidade, ele implica na harmonização dos três corpos em uma ação e direção única.

Número da geração, da transmissão de vida, da regeneração e do rejuvenescimento das formas. O primitivo e o superior se encontram neste número, que geralmente expressa o ser que luta entre uns e outros até alcançar domínio. Rege os instintos animais e é o produtor dos desejos e impulsos passionais.

NOVE DE ESPADAS - CRUELDADE

Este arcano assinala agressividade, guerras, autopunição e crueldade. Carta que sinaliza tudo o que uma pessoa pode fazer de mal para outra e para ela mesma. Indica escândalos, violência, abandono, miséria, desapontamento e depressão causados pelas próprias ações. O Nove de Espadas traz um período delicado de intrigas, pessimismo e acusações.

- Significado Divinatório: decepção, depressão, violências, escândalos e perdas irreparáveis.

NOVE DE BASTOS - DEFESA

Este arcano representa o nosso lado obscuro e talentos ocultos ainda não manifestados.

A essência desta carta está ligada ao reconhecimento do nosso Eu. Isso poderá ocorrer através de provas, desafios, infortúnios. Feridas dolorosas do passado são trazidas à tona para serem curadas. Lembranças pretéritas também retornam. A vontade interior dever ser fortalecida, bem como a fé em si mesmo. Isto gerará energia necessária para integrar as muitas atividades em sua vida e com isso trazer disciplina. É hora de defender o que foi conquistado e ser seletivo em todas as ações.

- Significado Divinatório: força, defesa, doenças, busca pela estabilidade, lembranças do passado, nostalgia, inimigos ocultos.

Nove de Copas - Felicidade

Este arcano está ligado aos sentimentos de condolência, empatia, e alegria que estão arraigados no fundo da alma e que trarão equilíbrio. Esta colocação preserva paz e harmonia no lar e atrai amigos.

A essência desta carta se baseia em alegria, felicidade e amor. Representa o fim das emoções dolorosas, dos medos, ressentimentos e mágoas do passado. Assinala um tempo de renascimento e renovação. O equilíbrio foi atingindo, agora seu verdadeiro desejo se torna claro e pode ser facilmente alcançado.

- Significado Divinatório: amor, realização, satisfação, sucesso nas relações, concretização dos desejos materiais e emocionais, momento de sorte.

Nove de Ouros - Sorte

Este arcano assegura o crescimento e a realização dos desejos. Indica grande criatividade e habilidade para alcançar todos os sonhos.

Carta que anuncia melhoria em todos os aspectos da vida, bem como equilíbrio emocional através de realizações materiais. É uma carta de gestação, cultivação, produtividade e sorte.

- Significado Divinatório: dinheiro, heranças, presentes de pessoas importantes, sucesso material, conforto e fortuna inesperada.

O DEZ

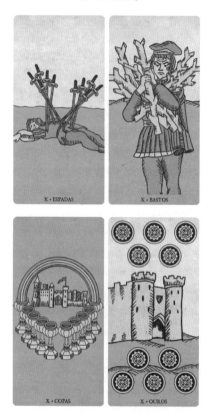

O Dez sugere o fim de um ciclo e o início de uma nova fase que virá de acordo com o que um dia semeamos. Os arcanos menores de número Dez são cartas cujo significado dependerá muito do naipe que sair.

Que simbolismo tem este número no baralho?

No Tarô, as cartas de número Dez indicam que terminou um ciclo e se inicia outro novo. Assim, pode associar-se à expressão da máxima acumulação de energia de cada elemento, onde o todo se completa e/ou se satura.

Significado das Cartas Numéricas | 121

DEZ DE ESPADAS - RUÍNA

Este é o arcano da ruína, decepções e frustrações. Assinala o poder da negatividade como fator preponderante para destruir tudo o que é belo e feliz. A paz torna-se caos, o bem torna-se mal, a saúde transforma-se em doença, a união em separação. A mente se reverte em moradia da energia destrutiva.

O medo é um dos principais temas deste arcano. O medo da insanidade, da morte, doenças e calúnia torna-se doentio.

• Significado Divinatório: azar, acidentes, desolação, ruína, grandes perdas.

DEZ DE BASTOS - OPRESSÃO

Arcano que traduz a repressão e a opressão de natureza interna. O indivíduo se contém por medo de rejeição ou humilhação. É uma energia reprimida e autoimposta. Indica o medo de falar, agir, se expressar com receio de ser rejeitado ou ridículo. A energia canalizada assume características negativas e se manifesta como fracasso, restrições, cobranças internas e externas.

Carta que simboliza o indivíduo, que é o único responsável por seus próprios problemas e restrições, de que é hora de neutralizar a ação negativa de pensamentos e atitudes sobre si mesmo, assegurando assim um novo futuro.

• Significado Divinatório: medo, fracasso, autocobrança, insatisfação, trabalho excessivo, muitas responsabilidades.

Dez de Copas - Totalidade

Este arcano traz resoluções para todos os problemas, e provê autoconfiança e harmonia ilimitadas.

Carta que indica que o amor desejado foi encontrado e que as emoções estão em sua plenitude, fluindo livremente. Agora é o momento de trocar, compartilhar felicidade e satisfação com o ser amado. A relação encontra-se em seu momento de maturidade, todas as parcerias serão bem-sucedidas, alianças serão renovadas. Representa a união, o amor, o fortalecimento, a família feliz, as amizades verdadeiras, tudo o que é bom e desejado na vida.

• Significado Divinatório: felicidade plena, alegria, sucesso, segurança, sorte, positividade, família harmônica, momento de colher o que foi plantado.

Dez de Ouros - Alegria

Esta carta traz realizações e alegrias ilimitadas. Indica a possibilidade de mostrar ao mundo a nossa real riqueza interior. O Dez de Ouros nos confere o poder para alcançar a riqueza material e o sucesso através de boas parcerias. Traz harmonia familiar, segurança material, estabilidade, acúmulo de bens e propriedades.

• Significado Divinatório: prosperidade, riquezas, ganhos através de parcerias, riqueza familiar.

AS CARTAS DA CORTE

Na maioria das vezes, as cartas da Corte representam as pessoas diretamente ligadas a quem consulta o Tarô e suas diferentes personalidades. Elas também podem representar o próprio consulente como ele era, é ou virá a ser num futuro próximo.

As cartas da Corte também estão ligadas aos diferentes tipos de emoções e eventos que afetam determinadas situações direta ou indiretamente:

- REI: expressa a energia masculina, ação, autoridade. Está associado ao elemento Fogo. Quando inserido no seu próprio elemento/naipe a sua energia torna-se potencializada. Pode representar um homem casado ou divorciado. Está ligado à AUTORIDADE sobre algo.

- RAINHA: simboliza a energia feminina, emoção, generosidade. Associada ao elemento Água. Pode representar uma mãe, uma mulher casada ou divorciada. Está ligada à PLENITUDE de algo.

- CAVALEIRO: está associado ao elemento Ar. Indica racionalidade, busca intelectual, alguma frieza na busca de objetivos. Pode representar um homem solteiro. Está ligado à BUSCA de algo.

- VALETE: representa a juventude e imaturidade. O início da aprendizagem das lições que o naipe encerra. Pode indicar um jovem ou criança e nossa energia primitiva. Representa o elemento Terra. Está ligado à NOVIDADE ou o COMEÇO de algo.

Os arcanos da Corte também são muitas vezes utilizados como Significadores. Um Significador é uma carta que representa aquele para quem a leitura de Tarô é realizada.

A carta significadora deve ser escolhida de acordo com as características físicas e emocionais do consulente. Isto pode ser feito de forma intuitiva, pegando-se cada arcano e observando minuciosamente cada personagem retratada na carta ou seguindo as correspondências tradicionais estabelecidas para as cartas da Corte:

CARTAS E TIPO FÍSICO	NAIPES E COR DE CABELO
REI: um homem maduro e detentor de poder.	ESPADAS: cabelos pretos.
RAINHA: uma figura feminina madura, importante e experiente.	BASTOS: cabelos vermelhos.
VALETE: uma pessoa nova, criança ou mulher jovem, todos cheios de energia.	COPAS: cabelos loiros.
CAVALEIRO: um homem adulto dinâmico e forte.	OUROS: cabelos castanhos.

As indicações dadas acima são bastante elementares sobre cada uma das cartas da realeza, mas já dão uma pista de como elas são interpretadas durante uma consulta.

A seguir são compartilhados os significados mais amplos e aprofundados de cada uma das cartas da realeza que auxiliarão o leitor a interpretá-las com maior cuidado durante uma consulta.

OS REIS

Carta que representa homens de alta hierarquia, de grande poder e forte influência na família ou nos negócios. Elas representarão matizes diferentes de acordo com seus naipes.

Os Reis desempenham funções de autoridade no contexto que se esteja consultando. Deste modo, pode indicar a presença de um homem poderoso, amigo adulto, chefe, professor, empresário ou funcionário de alto nível. Sempre serão homens maduros ou anciões e seus atributos estarão vinculados aos correspondentes ao naipe do qual fazem parte.

Pode ser o pai, marido ou conselheiro. Se aparecer na posição de quem faz a consulta e essa pessoa for homem, indica suas habilidades. Se tratar de uma mulher, destaca sua energia ativa. Nestes tempos em que as mulheres desempenham papéis que eram antigamente atribuídos aos homens, os Reis costumam aparecer para designar funções e condições de mulheres de características fortes, sem que isso signifique que sejam masculinas. Assinala decisão, liderança, poder exercido com firmeza e atitude ativa. Em torno da pessoa, um Rei simboliza um benfeitor, um guia, chefe, responsável ou companheiro amoroso e solidário. Se aparecer próximo de cartas negativas, representa um inimigo poderoso, um homem de autoridade que se opõe aos planos de quem consulta ou atrapalha a realização de seus objetivos.

Os Reis sempre estarão associados a homens maduros, inclusive anciões. Os papéis que desempenham se associam a figuras de autoridade masculina ou pessoa de superioridade ativa, forte, decidida e muito racional. Pode ser, além daqueles que exercem influência direta, também alguém do governo, uma autoridade jurídica, civil, militar ou moral. Como situação, mostra uma etapa de consolidação, estrutura, ordem e disciplina que conduzem a lucros e estabilidade.

Os Reis em seus aspectos negativos denotam figuras autoritárias, cujo poder está apoiado na intimidação, controle, dominação, rigidez e egocentrismo. Pode ser um pai castrador ou um governante inescrupuloso, um marido possessivo ou um professor que amedronta e é injusto.

Rei de Espadas - Estrategista

Este arcano indica uma personalidade decidida e corajosa, alguém que considera todos os pontos de vista, mas que é capaz de decidir pelo que é melhor sem ser influenciado pela opinião alheia.

Mostra alguém que sabe exatamente o que quer e que não vai descansar até alcançar seus objetivos e sonhos. Aponta para habilidades intelectuais, forte imaginação e ideias inspiradas.

O Rei de Espadas representa o professor, o orientador, o mestre, alguém sábio capaz de nos indicar o melhor caminho a seguir.

- Significado Divinatório: ambição, flexibilidade, intelectualidade, um novo trabalho, mudança de estilo de vida.

Rei de Bastos - Entusiasta

Arcano que representa os aspectos purificadores do fogo e está ligado diretamente ao desenvolvimento espiritual e profundo conhecimento interno. Corresponde a alguém dinâmico, com visão clara sobre o mundo real, que não pode ser impedido facilmente de realizar suas vontades e desejos quando está em busca de seus objetivos. O Rei de Bastos indica alguém generoso, corajoso, impulsivo e orgulhoso de seus feitos, querendo ações e mudanças agora.

- Significado Divinatório: negociações positivas na carreira, mudança de residência, uma nova autoimagem, autoridade profissional.

Rei de Copas - Romântico

O Rei de Copas é o poder de solução, o êxtase da emoção. Ele encarna os temas do romance e da paixão.

Reflete alguém de natureza tranquila, que vive no mundo das emoções, sonhos e devaneios. Sua figura é graciosa, elegante, afável e bastante amigável. Revela alguém apaixonado, mas cuja paixões não são duradouras.

Devido à sua forte tendência emocional, ele está sempre em conflitos internos e constante desequilíbrio emocional.

• Significado Divinatório: relacionamentos conturbados, sentimentalismo exacerbado, busca pelo equilíbrio emocional, restabelecimento do domínio das emoções.

Rei de Ouros - Provedor

Este arcano está associado com a medicina, finanças, trabalho duro e pesado. Representa o pai provedor, que vive sua vida pacientemente com as preocupações da vida diária para suprir as necessidades básicas daqueles que o rodeiam.

Promove os valores sociais. Retrata uma pessoa tranquila, paciente, por vezes até mesmo dependente e materialista que reconhece os valores de todas as coisas sejam elas materiais, emocionais ou espirituais.

Indica responsabilidade e comprometimento com as obrigações da vida cotidiana.

• Significado Divinatório: finanças favorecidas, oportunidades e promoções.

AS RAINHAS

Esta carta simboliza as mulheres de alta hierarquia e nos fala de seu poder na família ou nos negócios. As Rainhas no Tarô, contribuirão com matizes diferentes conforme seu naipe.

Elas representam mulheres adultas, amadurecidas e inclusive anciãs. Não apresentam idade definida, mas desempenham um papel importante na classe social. Por outro lado, se tratam de figuras de autoridade. Em perguntas sobre temas familiares, identificam à mãe ou outra mulher de poder, como a avó, tia, irmã maior, esposa.

Mostra aquela mulher que sempre toma decisões ou a que é o pilar da família. Em consultas sobre o trabalho, será a chefe, supervisora ou alta executiva. Nos meios acadêmicos, a professora, a diretora, etc.

Em certos casos, pode aparecer para representar um homem que tenha uma marcada influência de sua mãe, conselheira, etc., baseado no tema de consulta. Se a Rainha se encontra perto de cartas que simbolizam o pensamento, como as cartas de Espadas, por exemplo, será alguém que tem muita influência mental sobre a pessoa que faz a consulta. Se aparecer rodeada de cartas positivas, será uma influência boa, construtiva e estimulante; se aparecer cercada de cartas negativas, indica uma mulher que o limita ou o bloqueia.

As Rainhas são mulheres adultas ou anciãs. As mais jovens são Valetes (novas, adolescentes), enquanto que as mais experientes são sexualmente ativas ou amadurecidas. Seus róis sempre estão relacionados com o desempenho de funções de autoridade: mãe, chefe, sócia, professora, esposa, amiga ou irmã. Quando representa situações, assinalam etapas de expansão e formação, a expressão da criatividade que começa a dar frutos. Apontam para a organização ao redor de valores como criatividade, beleza, companheirismo e família.

Em seu aspecto negativo aludem pessoas que abusam de seu poder, inimizades ou competidoras difíceis de vencer. Também podem vincular-se às situações estancadas, improdutivas, estéreis ou mal canalizadas.

Rainha de Espadas - Independente

Este arcano indica uma personalidade julgadora, alguém que rompe os valores superficiais da vida, promovendo a contracultura. Carta que representa uma pessoa que assume os riscos e quebra hábitos promovendo a libertação.

A Rainha de Espadas revela alguém com uma percepção real do mundo que a cerca e a necessidade de mudar tão dura realidade. Ela possui um incrível poder de observação e individualidade.

- Significado Divinatório: Inteligência, complexidade, poder de comunicação, agressividade, liderança, quebra de valores ultrapassados.

Rainha de Bastos - Otimista

Arcano que representa alguém com compaixão e desejoso de mudanças. Indica uma pessoa que aprecia a verdade e possui emoções e paixões profundas em todos os sentidos. Mostra-nos indivíduos radiantes, com porte altivo, que sabem verdadeiramente seu papel no mundo e onde querem chegar; um ser em sua plenitude espiritual, generoso e determinado.

- Significado Divinatório: sucesso na realização de objetivos, integridade, maturidade, autoconhecimento, alguém em quem podemos confiar.

Rainha de Copas - Amorosa

Este arcano fala de alguém sonhador, romântico e emocional.

Representa uma pessoa de extremada compaixão, que se doa sem medir esforços ou esperar nada em troca. Arcano que nos mostra uma pessoa altamente madura quanto às suas emoções e de caráter equilibrado.

No entanto, indica que é o momento de se abrir e permitir que os verdadeiros sentimentos sejam mostrados, sem medos nem receios. É momento da entrega total, para que haja plenitude no amor.

- Significado Divinatório: influência de terceiros, realização dos sonhos, imaginação, revelação dos verdadeiros sentimentos, compaixão, doação.

Rainha de Ouros - Ambiciosa

Representa a mulher ambiciosa e conquistadora, que carrega em si as sementes do conhecimento interior. Indica uma pessoa autossuficiente, que alcançará o sucesso por seus próprios méritos e se orgulhará disso.

Mostra uma mulher organizada, sensível, ambiciosa, responsável e preparada para o futuro. Às vezes, por estar demasiadamente ligada a razão poderá esquecer-se de sua ligação com o Sagrado ou se privar de experiências espirituais.

- Significado Divinatório: indica segurança e competência no trabalho, carreira de sucesso, habilidade para acumular bens materiais.

OS CAVALEIROS

Os Cavaleiros trazem um claro simbolismo de progresso, de movimento ou de avanço que se matizará segundo o naipe do baralho.

Eles simbolizam o movimento, as viagens, os avanços e atividades em geral. Correspondem as situações que progridem, as mensagens e os mensageiros.

São homens jovens (entre 21 e 35, no máximo 40 anos) e os papéis que desempenham são o de amigos, irmãos, cunhados, tios. Em consultas sobre amor, indicam um pretendente. Na área profissional pode indicar um técnico, encarregado, pessoa de confiança. Como situação assinala avanços, movimento, atividade. Algo que está em ascensão, promoções, gestões, notícias ou mudanças.

Os Cavaleiros em seu sentido negativo mostram algo detido, bloqueios para avançar, situações ou pessoas que avançam atropeladamente ou se estancam, dependendo das cartas que os acompanhem. Se forem cartas ativas podem expressar a perda de controle, e com cartas passivas, energia detida.

CAVALEIRO DE ESPADAS - GUERREIRO

Arcano que representa a busca pela verdadeira inteligência, alguém que deseja dominar sua intuição e poder criativo.

Indica uma pessoa cheia de ideias, inovadora, rebelde e causadora de transformações profundas que se refletem nela mesma e nos que a cercam. O Cavaleiro de Espadas é alguém totalmente livre, que não se prende a nada nem a ninguém e que está sempre pronto para partir em busca de novas aventuras e iniciar novos projetos.

• Significado Divinatório: poder intuitivo, criatividade, superação de obstáculos, inovação, acontecimentos e eventos importantes.

CAVALEIRO DE BASTOS - EMPREENDEDOR

Este é o arcano do buscador. Indica uma pessoa intuitiva, impulsiva, com alta criatividade e poder de persuasão. Também representa alguém ambicioso, justo, pioneiro, inclinado a agir pelos impulsos. Esta carta nos mostra uma pessoa que observa o mundo com mínimos detalhes, procurando inspiração e orientação em sua busca espiritual e pessoal.

- Significado Divinatório: oportunidades profissionais, positivas mudanças, uma possível viagem, mudança de residência, busca espiritual.

Cavaleiro de Copas - Amante

Arcano da transformação emocional. Ele governa desejos e emoções.

Denota alguém que precisa dominar suas necessidades emocionais e medos, reconhecer seus desejos para que não se tornem uma energia constrangedora em sua vida. Esta é a carta que clama pelo reconhecimento e aceitação de nossos desejos sexuais, sejam eles quais forem. No entanto, aconselha a busca do equilíbrio das emoções, para que não nos tornemos escravos de nossos impulsos emocionais. Este arcano representa alguém sutil e astucioso, com segredos sobre si e facilmente influenciável.

- Significado Divinatório: busca do equilíbrio emocional, romance, satisfação, desejos, oportunidades no amor, um novo amor a caminho.

Cavaleiro de Ouros - Competente

Este arcano expressa alguém que está tentando provar sua competência, em busca de novas possibilidades profissionais e financeiras. Está diretamente ligado ao mundo físico e todas as suas energias são focadas para o plano material e prático. Indica uma pessoa competente, confiável, cautelosa e curiosa que está sempre procurando por novas possibilidades para renovar o que já está ultrapassado.

- Significado Divinatório: possibilidades de acúmulo de fortuna, momento correto para agir, oportunidades financeiras.

OS VALETES

Nas Cortes da Europa, os Valetes eram jovens que desempenhavam funções de serviço: eram acompanhantes, mensageiros, encarregavam-se de cuidar das armas e dos cavalos dos Cavaleiros, serviam em assuntos domésticos às damas, etc. Dada sua proximidades com os nobres, tinham acesso a muita informação confidencial, por isso eram os que mais conheciam as intrigas dos palácios, em especial aquelas mais domésticas, amores ocultos, segredos de família, etc. Exatamente por isso, em muitos casos, os

Valetes em seu sentido negativo podem assinalar secretas revelações, imprudência ou atitude de espião.

Os Valetes se referem a meninos e jovens em geral. Nos temas familiares, representam crianças e adolescentes. Em consultas trabalhistas, indicam aprendizes, estagiários, um ajudante; em temas acadêmicos são, obviamente, os estudantes. Em geral os Valetes apontam para situações novas, passos iniciais, falta de experiência e inclusive imaturidade.

Conforme for o naipe, o significado de cada Valete será diferente.

Como situação, indica os primeiros passos, o que se projeta ou que está para se iniciar, ou seja, a juventude de um projeto, a infância de algo, etc.

Os Valetes em seu aspecto negativo alertam para dificuldades no amadurecimento, projetos falidos, pisar em falso.

VALETE DE ESPADAS - MENSAGEIRO

É considerado o mensageiro entre o mundo dos homens e dos deuses e é aquele que carrega as almas para viverem no Outro Mundo. Indica inteligência, esperteza e ligação com o lado mítico. Simboliza a força da destruição necessária para que haja a continuação da vida. Por ser capaz de viajar entre o nosso mundo e o outro, o Valete de Espadas também representa o poder da cura de nosso ser, que surge através do confronto com as nossas sombras e nosso lado mais sombrio e assinala o início da nossa transformação.

• Significado Divinatório: graça, agilidade, prudência, chegada de mensagens transformadoras, transformações.

Valete de Bastos - Impulsivo

Este arcano está ligado ao lado selvagem do ser. Indica pessoas que estão sempre se escondendo e são capazes de viver em todos os tipos de terrenos. É associado aos dons da astúcia e esperteza.

Arcano que representa o livre espírito, a autoexpressão, alguém individualista, brilhante e de uma memória e habilidade invejável. Também nos mostra uma pessoa impulsiva, por vezes agressiva e que não se satisfaz facilmente, pode representar alguém ambicioso, entusiástico, capaz de tomar atitudes irracionais e impensadas quando se sente ameaçado.

- Significado Divinatório: notícias que trarão mudanças, medo de iniciar algo, ambição, entusiasmo, rápidas respostas.

Valete de Copas - Inocente

Arcano que representava a sabedoria.

Está diretamente ligado à energia do conhecimento, profecia, inspiração e fertilidade em seu estágio inicial. Caracteriza a sacralidade da água, seu poder de construir, destruir, regenerar e fertilizar. Por ser um dos maiores símbolos da Água, também está ligado ao amor puro, verdadeiro, inocente.

É o arcano que simboliza liberdade emocional, a derrota do ciúme, confiança perfeita no eu interior, o poder para perceber sonhos, ideias e lutar por eles.

Retrata uma pessoa cortês, suave, amável, sempre disposta a ajudar, romântica, radiante e inocente. Aponta alguém que dá tudo de si para ajudar e proteger quem ama.

- Significado Divinatório: um novo amor, casamento, nascimento, amor puro e verdadeiro, alguém muito sensível.

Valete de Ouros - Promissor

O Valete de Ouros está ligado aos poderes da criação e representa a renovação e a proteção da vida, dando luz às ideias e pensamentos. Ele expressa o ponto onde a ideia se torna realidade no plano físico.

Indica alguém perseverante, independente e prático. Também é forte, poderoso e vigoroso.

- Significado Divinatório: algo novo se aproximando, alguém prático e dedicado, desenvolvimento de projetos, notícias relacionadas à vida financeira e/ou profissional.

CONSULTANDO O TARÔ

É importante que trate suas cartas com respeito. Lembre-se de que são suas e que devem ser usadas apenas por você e seu consulente.

Primeiro trave conhecimento com elas. Segure-as em suas mãos, olhe para elas, embaralhe-as, ponha-as em sequência – desde o Louco até o Mundo – e a seguir percorra novamente o baralho, examinando em pormenor as cartas de figuras e impregnando-se do seu simbolismo. Faça depois o mesmo com os arcanos menores. Observe cada carta e intuitivamente, tente interpretar o que ela significa. As figuras e alegorias encontradas em cada carta podem lhe dar grandes pistas sobre o seu significado. Faça isso quantas vezes forem necessárias, até que o baralho não tenha mais segredos para você. É importante que você esteja totalmente familiarizado com ele.

Cuide de suas cartas. Fique atento para não deixá-las expostas em um ambiente carregado, como a de um escritório com muito trabalho e pessoas de diferentes vibrações energéticas. De preferência, ponha-as embrulhadas em um pano de seda pura e guarde-as numa caixa de madeira. O pinho, carvalho e cedro são tradicionalmente os materiais mais utilizados.

A tradição manda escolher a cor da seda com o mesmo cuidado. Em princípio, deve refletir a sua personalidade, a sua vibração e aura, em termos ocultos. As cartas estarão igualmente bem numa saquinho de sua cor favorita ou talvez na de seu signo zodiacal.

COMO DESENVOLVER SUAS HABILIDADES EM RELAÇÃO AO TARÔ

Quando começar a trabalhar com as cartas, provavelmente precisará fazer experiências. Em geral é melhor consultar o Tarô para outras pessoas, porque se torna difícil ser objetivo em leituras para si próprio. Mas para praticar, e até se sentir confiante nas suas capacidades, pode começar a ler as suas próprias cartas.

Contudo, é aconselhável não fazer mais do que uma leitura por dia para si mesmo ou para a mesma pessoa, pois a atmosfera do momento atual pode influenciar as cartas, de fato, tal como a sua disposição no momento. No dia seguinte, ou quando estiver preparado para a próxima leitura, o mundo terá dado uma volta sobre o seu eixo, a sua disposição terá mudado e as suas cartas estarão prontas para trabalhar outra vez.

EMBARALHAR, CORTAR E DISTRIBUIR AS CARTAS

Tradicionalmente, o baralho de Tarô é misturado e cortado três vezes e depois os montes são juntados em um só maço novamente. O tarólogo deve ser sempre o único a embaralhar as cartas e o consulente a cortá-las.

Se o consulente tem uma pergunta específica para fazer às cartas, deve dizê-la em voz alta, enquanto você embaralha. Você saberá, por instinto, quando as cartas estiverem suficientemente embaralhadas para serem dispostas em um dos métodos de tiragem a seguir que melhor se encaixar no tema da leitura. A tradição também sugere que a mão esquerda é receptiva e a direita ativa, a mão esquerda é afetada pelo fluxo receptivo da Lua, e a direita pelo fluxo ativo do Sol. Portanto, para se sintonizar com este fluxo magnético o consulente deverá cortar as cartas com a mão esquerda. Também terá de dispor as cartas da esquerda para a direita do tarólogo, a menos que a disposição a que está recorrendo sugira outra coisa.

ATITUDE E AMBIENTE

A questão da intuição é vital. No princípio você deverá mantê-la bem controlada. Não se deixe arrebatar quando estiver interpretando as cartas que estão à sua frente.

Mantenha-se fiel às interpretações básicas. À medida que o tempo passar, a sua habilidade e o conhecimento que absorveu das cartas vão se aliar à sua intuição para ajudá-lo a tirar suas próprias conclusões. Também aprenderá a reconhecer como funcionam as cartas umas com as outras. Lembre-se de que as interpretações tradicionais foram elaboradas e reunidas durante séculos e por isso devem ser respeitadas, a não ser que você tenha uma razão muito forte para ignorá-las completamente.

A atmosfera em que você trabalha é importante: a luz não deve ser ofuscante e será melhor não haver barulho que o distraia. Se estiver acostumado com um fundo musical, mantenha o volume baixo e escolha uma música realmente apaziguadora, não demasiado carregada de emoção e, de forma alguma, com o tipo de acordes súbitos que o distrairão das cartas.

Também é recomendável fazer a tiragem sobre uma mesa coberta por um tecido de cor escura que o agrade. Usar velas ou incensos não é uma regra, mas podem colaborar com o clima confortador que se deseja proporcionar.

A seguir, conheça os métodos de tiragem mais apropriados para suas leituras. Escolha aquele que melhor se relacionar com o tema da consulta, interpretando a relação entre a casa onde as cartas saírem e o significado delas.

MÉTODOS DE CONSULTA

Os métodos de consulta referem-se à maneira como as cartas são dispostas sobre a mesa para uma leitura. Cada método é apropriado para um tipo de tema. Assim, é importante usar a técnica certa para ter a resposta adequada à sua questão. Este processo torna as leituras mais acuradas e abrangentes e possibilitam explorar cada tema, e suas diferentes nuances. A seguir, conheça alguns métodos que você poderá usar em suas leituras.

Método das 3 cartas

O método mais simples e usado é a tiragem única de três cartas. As cartas são embaralhadas e cortadas.

O baralho será depois aberto em forma de leque, em cima da mesa, e o consulente retirará dele três cartas, dispondo-as desse modo:

- A primeira carta representa o passado, indica o que está favorecendo o consulente, a partir de seu passado. Você pode interpretá-la dizendo: No passado houve um(a) (dizer a palavra chave-do arcano).

- A segunda carta representa o presente, indica os obstáculos que estão atuando contra o consulente e seu desejo. Você pode interpretá-la dizendo: Que o trouxe até a situação presente em que você se encontra com um(a) (dizer a palavra-chave do arcano).

- A terceira carta representa o futuro, indica o conselho que o Tarô oferece para a resolução do problema, e, consequentemente, a construção do futuro. Você pode interpretá-la dizendo: A conclusão é de que no futuro você alcançará um(a) (dizer a palavra-chave do arcano).

A interpretação dos arcanos desta maneira pode ser subjetiva dependendo da capacidade de cada um em interpretar as cartas e seu simbolismo, mas dará uma pista fácil de ser decifrada para que você deixe sua intuição atuar a partir de então, quando não se conhece ainda com profundidade o significado de cada arcano.

Método do Coração

O método do coração é uma ampliação da forma de leitura anterior baseada em passado, presente e futuro.

Na coluna central colocam-se na vertical as cartas que representam o passado, o presente e o futuro. Ao deitar cada carta na mesa, coloque uma à esquerda que representará as influências positivas, e outra à direita, que indica as influências negativas. Ou seja, cada uma das cartas da coluna vertical central terá uma à esquerda e outra à direita, representando o que há de positivo ou negativo relativo àquele ciclo. Para finalizar, coloque uma carta na ponta inferior que representará a conclusão.

Abaixo veja a ilustração que lhe dará uma ideia de como as cartas ficarão dispostas sobre a mesa na hora da leitura.

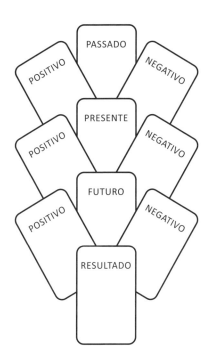

Método dos 4 Planos

1. Significador
2. Plano Material
3. Plano Mental
4. Plano Espiritual
5. Plano Emocional
6. Conclusão

Método da Cruz Celta - Versão A

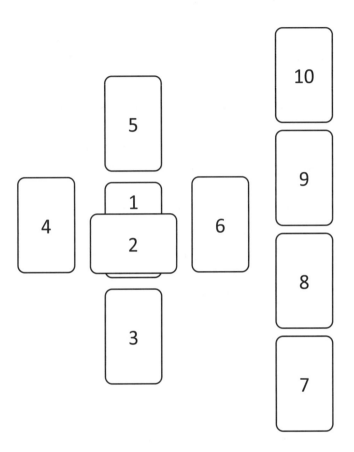

A Cruz Celta é um dos métodos mais populares de consulta ao Tarô. Siga os seguintes passos:

Embaralhe, corte e escolha dez cartas do baralho colocando-as viradas com a face para baixo.

1. Carta significadora – Irá refletir a situação interna ou externa, na qual o indivíduo se encontra naquele momento.

2. Carta cruzada – Descreve a situação interna ou externa, que gera conflito e a obstrução do presente imediato.

3. Carta de cabeça – Retrata o clima e a situação que paira sobre o presente imediato do consulente.

4. Carta base de questão – Fala do motivo real por trás da superfície aparente da situação refletida na carta de cabeça.

5. Carta influências do passado – Representa uma situação que já ocorreu na vida do consulente.

6. Carta influências do futuro – Revela uma situação prestes a se manifestar na vida do indivíduo num futuro imediato.

7. Carta posição atual – Indica a extensão da carta significadora. Descreve a atitude do consulente dentro das circunstâncias que o cercam.

8. Carta dos fatores ambientais – Mostra a imagem que os outros (amigos e família) fazem do consulente.

9. Carta de esperanças e temores – Tanto os desejos como as ansiedades se apresentam numa única carta, uma vez que todas elas têm significado duplo.

10. Carta de resultado final – A palavra final pode ser mal interpretada aqui, mas nada é absolutamente o fim, eu diria que ela não descreve uma situação definitiva ou permanente, e sim uma consequência natural da situação que a pessoa atravessa no momento.

Método da Cruz Celta - Versão B

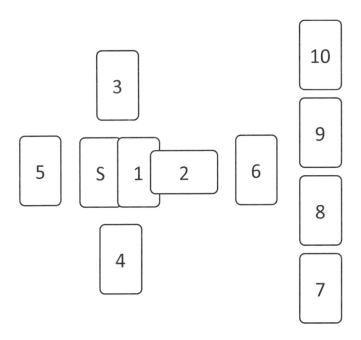

Aqui há uma segunda versão da Cruz Celta. Nesse método você pode ir depositando as cartas enquanto fala a frase chave de cada posição e contextualiza a leitura conforme os arcanos forem sendo revelados

Como na versão anterior da Cruz Celta, embaralhe, corte e escolha onze cartas colocando-as viradas com a face para baixo.

1. Você: posição do significador. Representa o consulente. É a única posição onde se escolhe um arcano previamente para ser colocado. Deve-se por um arcano que signifique a pessoa que está consultando o oráculo.

2. O que cobre você: representa a condição presente, como as coisas estão e qual a situação atual em relação à pergunta feita.

3. O que cruza você: caracteriza os obstáculos em potencial, ou atuais, que se colocam entre a pessoa e o seu desejo. Pode representar também algo que o está confundindo.

4. O que está abaixo de você: este arcano indica a fundação, a base relacionada à questão feita. Representa o que deve ser feito ou mudado para se atingir o objetivo.

5. O que está atrás de você: representa as condições passadas, relacionadas às questões e como elas afetam atualmente a situação.

6. O que coroa você: retrata o caminho através do qual você deseja ver a situação progredir no futuro. Esta é a meta, o alcançar, o objetivo.

7. O que está à sua frente: aquilo que está por vir, relacionado à pergunta feita. Indica com o que você deve estar preparado para se confrontar.

8. Sua personalidade: representa como você se comporta em relação ao seu desejo.

9. Como os outros o veem: este arcano retrata como os outros o percebem. Pode também indicar os laços familiares e de amizade.

10. Suas esperanças e medos: representa o que você espera alcançar e o que teme.

11. Conclusão: este arcano representa o resultado final, a culminação dos esforços.

Método do Segredo da Sacerdotisa

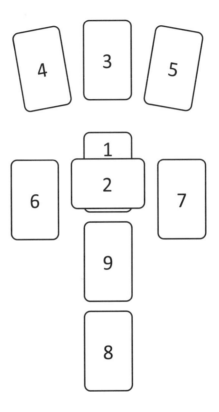

Utilizada em casos onde há necessidade de receber alguma informação secreta, ou algo que perguntamos e que o consulente não pode ver e nem sequer imagina.

Embora seja uma tiragem pouco habitual, em casos deste tipo é necessário fazê-la, pois revela com profundidade o que o consulente deseja saber.

- Carta 1: coloque aqui uma carta significadora relativa ao consulente ou para quem a consulta é destinada.
- Carta 2: o que se opõe à questão.

- Carta 3: influência atual.
- Carta 4: energias contidas sobre a pergunta do consulente.
- Carta 5: marca as energias que estão perdendo força.
- Carta 6: assinala as coisas ocultas, aquilo que o consulente não é capaz de sentir conscientemente, mas que intuitivamente percebe.
- Carta 7: aquilo que se consegue ver.
- Carta 8: o futuro imediato.
- Carta 9: dependendo da carta que sair, tem um aspecto especial a interpretar. Por exemplo, se for um arcano maior, indica a revelação daquilo que o consulente não é capaz de ver ainda. Entretanto, se a carta for um arcano menor, indica que o segredo ainda não pode ser revelado.

Método do Amor

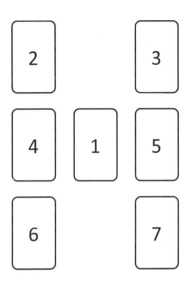

Um método especial para questões do amor. Nesta tiragem vamos encontrar uma visão da relação, seus prós e seus contras:

- Carta 1: representa o momento atual, o que está acontecendo na relação.
- Carta 2: representa seus pensamentos sobre a relação.
- Carta 3: representa os pensamentos da pessoa sobre a relação.
- Carta 4: representa como você está agindo emocionalmente à relação.
- Carta 5: representa como a outra pessoa está agindo emocionalmente à relação.
- Carta 6: representa seus comportamentos e atitudes.
- Carta 7: representa os comportamentos e atitudes da pessoa amada.

Método do Pentagrama da Saúde

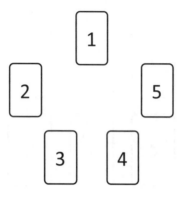

Conhecido como Pentagrama da saúde, este método nos permite averiguar o estado físico e emocional que se encontra a saúde do consulente.

As cartas deverão ler-se desta forma:

- Carta 1: fala-nos do presente, da situação geral em que se encontra o consulente a nível emocional, físico e espiritual, sempre em torno da sua saúde.
- Cartas 2 e 5: incidem de forma especial em sua saúde espiritual ou mental. A primeira carta nos fala daquelas coisas que tem a favor enquanto que a segunda, a 5, remete aos aspectos mais negativos de sua saúde psíquica ou emocional.
- Cartas 3 e 4: falam-nos da situação física em geral. A carta 3 fala sobre os aspectos mais delicados ou o cuidar de forma especial. A carta 4 nos indicará o que aqueles que consultam têm a seu favor no tema da saúde, em si, seus reforços e poder.

Esta tiragem pode se ampliar com uma sexta carta, colocada no centro do pentagrama, que servirá para ampliar o conteúdo da informação.

Método da Projeção Profissional

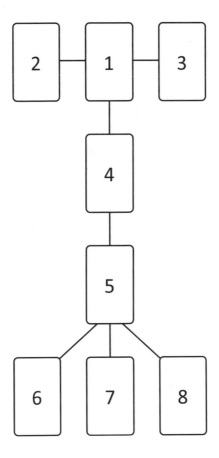

Método especial para questões de trabalho, projetos, ideias, planejamento de ascensão profissional ou aumento de salário.

- Carta 1: marca o presente do consulente, fala sobre o nível geral do seu caráter, estado de vida e entorno, também revelará seus temores e ilusões.

158 | *O Novo Tarô de Marselha*

- Cartas 2 e 3: a primeira se refere ao negativo, aos medos, incapacidades, limitações e a todos os temores que se albergam na mente do consulente e que lhe impedem de seguir adiante de uma ou outra maneira. A carta 3 fala justamente o contrário, quer dizer, suas excelentes disposições, boas capacidades, oportunidades e também suas ilusões.

- Cartas 4 e 5: fala do entorno profissional. Dá-nos informações da empresa, dos colegas de trabalho e nos mostra as disposições positivas e negativas que há nesse meio.

- Cartas 6, 7 e 8: referem-se ao futuro; a primeira indica o que deve começar a realizar o consulente no momento presente, o que deve potencializar e o que deve evitar. A carta 7 nos fala do futuro a curto prazo, enquanto que a 8 fala do futuro a longo prazo.

COMO CALCULAR TEMPO EM UMA JOGADA DE TARÔ?

Algumas vezes é necessário calcular o tempo em uma leitura. Seja para estimar quando uma oportunidade de trabalho vai surgir, qual o prazo para ocorrer uma mudança de casa ou calcular o período em que um antigo amor vai voltar a nos procurar. O Tarô pode nos fornecer o tempo preciso, quando todas essas coisas vão acontecer.

Ao longo da história do Tarô, muitas foram as tentativas de elaborar uma tabela precisa, que correlacionasse as cartas com o tempo. Diversas tabelas de diferentes autores surgiram para tentar solucionar essa questão e dar suporte ao tarólogo quando este precisar definir prazos para suas leituras. Tais tabelas são geralmente bastante complexas e, sem uma referência impressa durante a leitura, torna-se praticamente impossível fazer as referências de tempo precisas.

Desta forma, compartilhamos aqui uma simplificação destes métodos. Embora seja uma versão simplificada, ainda assim, é muito precisa na hora de fazer cálculos desta natureza. Este método usa os naipes para determinar dias, semanas, meses e anos da seguinte maneira:

- As cartas de ESPADAS representam a quantidade de DIAS;
- As cartas de BASTOS representam a quantidade de SEMANAS;
- As cartas de COPAS representam a quantidade de MESES;
- As cartas de OUROS representam a quantidade de ANOS.

160 | *O Novo Tarô de Marselha*

O método utilizado para fazer a previsão de tempo é muito simples:

O tarólogo embaralha as cartas e dá para o consulente cortar como ensinado anteriormente. Em seguida junta os montes todos em apenas um novamente e abra um leque com a face das cartas voltadas para baixo. O consulente vai tirando as cartas e virando-as com as faces para cima. Segue dessa maneira até o naipe da primeira carta tirada se repetir ou um arcano maior aparecer na tiragem. Após isso, ele soma a quantidade de dias, semanas, meses ou anos baseado nos arcanos que saíram e dá a previsão de tempo para o consulente.

Alguns exemplos simples:

1) Digamos que um consulente que quer saber em quanto tempo conseguirá trocar de carro tira as cartas 2 de Espadas, 3 de Bastos, 5 de Copas, 9 de Copas, Ás de Espadas. Teríamos o prazo máximo de dois meses, uma semana e dois dias para o consulente conseguir trocar de carro.

2) O consulente que deseja saber em quanto tempo sairá sua promoção de trabalho tira as cartas 6 de Bastos, Ás de Ouros, 4 de Ouros e 8 de Bastos. Temos o prazo de dois anos e duas semanas para que a promoção aconteça.

3) O consulente quer saber quando vai conseguir fazer sua viagem dos sonhos para o exterior e tira as cartas 5 de Espadas, 7 de Copas, 6 de Bastos, 2 de Copas, 8 de Copas, 4 de Copas e a Temperança. Como saiu um arcano maior, ele para de retirar mais cartas mesmo que o naipe do primeiro arcano não tenha se repetido na tirada. O tarólogo faz a soma e revela que no prazo máximo de quatro meses, uma semana

e um dia o consulente realizará seu sonho de viajar para o exterior.

4) O consulente pergunta quanto tempo demorará para que a pessoa amada retorne após o término de uma relação e retira o Eremita, um arcano maior. Como não houve nenhuma carta de naipe antes, o Tarô revela que não haverá um retorno.

Para este método de estimativa de tempo pelo Tarô é necessário frisar que os significados divinatórios de cada um dos arcanos retirados são indiferentes para a leitura. Os arcanos são para mero fim de cálculo e representam simplesmente dias, semanas, meses e anos para os naipes ou, no caso dos arcanos maiores, expressam o momento de parar de retirar as cartas do maço. Isso significa que arcanos positivos ou negativos não são interpretados como se o tarólogo estivesse fazendo uma leitura. Assim, resista à tentação de dizer que a pessoa amada vai voltar só porque o consulente retirou do maço um arcano maior positivo, por exemplo. Aqui o arcano maior, seja ele qual for, está circunscrito à sua função, que é representar simplesmente o momento de parar de retirar as cartas do maço, nada mais além disso. Se ele saiu na primeira carta, nenhuma outra deve ser retirada. Logo, não há dias, semanas, meses ou anos para estimar neste caso, o que significa que aquilo que o consulente perguntou, não se realizará, ou ainda não tem previsão para acontecer.

Este simples método será de grande ajuda na hora de calcular tempo e datas durante uma leitura.

PALAVRAS FINAIS

O Tarô tem sido um fiel companheiro da humanidade há séculos. Pessoas ao longo da história têm recorrido a esse oráculo para prever o futuro, se aconselhar, encontrar esperança e soluções para os dilemas da vida.

Muito mais do que um simples método de leitura, o Tarô é um livro vivo que traz os mais profundos mistérios que cercam nossa existência. Em cada arcano encontramos os mesmos personagens e situações com os quais nos deparamos todos os dias em nossas próprias lendas pessoais: a mãe amorosa, o pai severo, o jovem desbravador, o sábio conselheiro, as perdas, os medos, as alegrias. Tudo isso está presente no caminho do Louco, cuja estrada e desafios são encontrados em cada arcano. Cada carta traz um ensinamento a ser interiorizado e vivido. Assim, o Tarô se torna o nosso grande aliado na dura tarefa de viver e coexistir.

Ao embaralhar as cartas e fazer uma leitura, você está tendo a chance não só de descortinar o futuro e perscrutar o destino, mas também de se conhecer melhor e mergulhar no seu interior profundo, onde estão as respostas para todas as questões.

Com o tempo você perceberá que o Tarô vive em você. Que a sua intuição é o templo vivo deste oráculo e que quanto mais usá-lo, mais vivo ele se fará em seu interior, até que chegue o tempo em que não seja mais preciso consultar os arcanos e eles falarão ativamente com você a todo instante como conselheiros, nas mais diferentes circunstâncias da vida.

Ao adquirir O *Novo Tarô de Marselha*, você deu o primeiro passo nessa jornada mágica. Esteja preparado para grandes transformações que começarão a ocorrer em sua vida, pois a partir de agora você terá acesso à Anima Mundi, a alma do Mundo, que guarda o conhecimento de toda a humanidade de todas as eras.

O destino é seu agora e ele está em suas mãos!

BIBLIOGRAFIA

BANZHAF, Hajo. Manual do Tarô: Origem, definição e Instruções para o uso do Tarô.

____. O Tarô e a viagem do Herói: a chave mitológica para os Arcanos Maiores. Editora Pensamento, 2007.

BURKE, Juliet Sharman. O Livro Completo do Tarô: um guia passo a passo para ler as lâminas. Editora Madras, 2012.

CAMARGO, Pedro. Iniciação ao Tarô. Editora Nova Era, 2001.

CONVER, Nicolas. Antigo Tarô de Marselha. Editora Pensamento, 2006.

D'ÁVILA, Wagner. O que devemos saber sobre Tarô: Arcanos Maiores. Zohar, 1992.

FIEBIG, Johannes e Burger, Evelin. Complete Book of Tarot Spreads. Sterling Ethos, 2014.

FRANÇOISE, Dicta E., Mitos e Tarôs: A Viagem do Mago. Editora Pensamento, 1992.

GODO, Carlos. O Tarô de Marselha. Editora Pensamento, 1999.

GREENAWAY, Leanna. Simply Tarot, Sterling Publishing, 2005.

HOUDOUIN, Vilfred. O Código Sagrado do Tarô: a redescoberta da natureza origina do Tarô de Marselha. Editora Pensamento, 2013.

KAPLAN, Stuart R. Tarô Clássico. Editora Pensamento, 1996.

____. The Encyclopedia of Tarot Vol I, U.S.Games Systems Inc., 2007.

____. The Encyclopedia of Tarot Vol II, U.S.Games Systems Inc., 2007.

166 | *O Novo Tarô de Marselha*

____. The Encyclopedia of Tarot Vol III, U.S.Games Systems Inc., 2007.

____. The Encyclopedia of Tarot Vol IV, U.S.Games Systems Inc., 2007.

KRIELE, Prof. Dr. Martin e Herder, Verlag. Meditações sobre os 22 Arcanos Maiores do Tarô. Paulus, 2010.

LYLE, Jane. Tarot: Read the Cards, Interpret de Future, Solve Your Problems, The Hamlyn, 1990.

NAIFF, Nei. Curso Completo de Tarô. Best Bolso, 2008.

NICHOLS, Sallie. Jung e o Tarô: uma jornada arquetípica. Cultrix, 1994.

POLLACK, Rachel. Setenta e Oito Graus de Sabedoria. Editora Nova Fronteira, 1991.

____. Tarot Wisdom: Spiritual teachings and deeper meaning. Llewellyn Publications, 2011.

PRAMAD, Veet. Curso de Tarô: o Tarô e seu uso terapêutico. Datatoner, 1998.

RENÉE, Janine. Tarot for a New Generation. Llewellyn Publications, 2002.

WAITE, Edith. O Tarô Universal de Waite. Editora Isis, 2004.

WILLIS, Tony. Magick and the Tarot: using Tarot to manipulate unseen forces of the universe. The Aquarian Press, 1988.

ZIEGLER, Gerd. Tarô Espelho da Alma. Jorge Zahar Editor, 1993.

OUTRAS OBRAS DO MESMO AUTOR

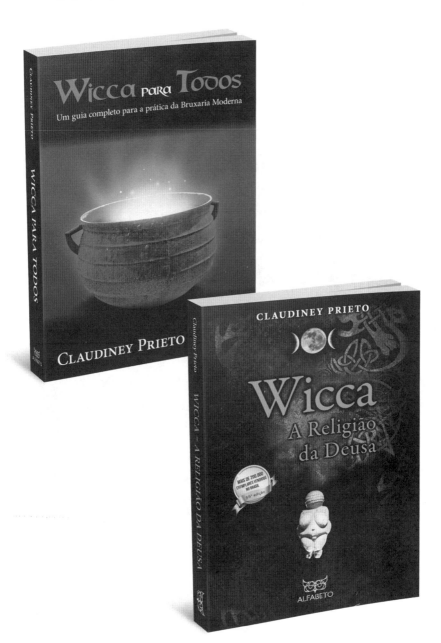

OUTRAS OBRAS DO MESMO AUTOR